8 L 29 147 7

Paris - Nancy
1893-1899

Ardouin-Dumazet

Voyage en France

La Région lyonnaise. Lyon. Monts du Lyonnais et du Forez

Tome 7

ARDOUIN-DUMAZET

Voyage en France

7ème Série

LA RÉGION LYONNAISE
LYON
MONTS DU LYONNAIS
ET DU FOREZ

PARIS
BERGER-LEVRAULT & Cie, ÉDITEURS

Voyage en France
1613

OUVRAGES DU MÊME AUTEUR

L'Armée et la flotte en 1895. — Grandes manœuvres des Vosges. — L'expédition de Madagascar. — Manœuvres navales, 1895. — 1 volume in-12, avec nombreuses cartes. 5 fr.

L'Armée et la flotte en 1894 Manœuvres navales. - Grandes manœuvres de Meaux. — Manœuvres de forteresse. 1895. — 1 volume in-12, avec illustrations de Paul Léonnec et de nombreux croquis et cartes. 5 fr.

L'Armée navale en 1893. — L'Escadre passe en Provence. — La Défense de la Corse. 1894. — 1 volume in-19 avec 97 croquis ou vues et une carte de la Corse. 5 fr.

Au Régiment — **En Escadre**, préface de M. Mézières, de l'Académie française. 1891. 1 volume grand in-8°, avec 350 photographies instantanées de M. Paul Ginis. 10 fr

Le Colonel Bourras. Suivi de Rapport sur les opérations du corps franc des Vosges du colonel Bourras. 1893. Brochure in-12 avec un portrait et couverture illustrée. 60 centimes.

Le Nord de la France en 1793. — Flandre. — Artois. — Hainaut. — 1 volume in-12. (Maurice Dreyfous.)

La Frontière du Nord et les défenses belges de la Meuse. — 1 volume in-8°. (Baudoin.)

Une Armée dans les neiges, journal d'un volontaire du corps franc des Vosges. — 1 volume in-8° illustré (Rouam.)

Études algériennes. — 1 volume in-8°. (Guillemin et C°.)

Les Grandes Manœuvres de 1882 à 1892. — 1 volume in-12 par année. (Baudoin et Rouam.)

Voyage en France. Ouvrage couronné par l'Académie française. Série d'élégants volumes in-12 à 3 fr. 50 c.

— 1re Série : Le Morvan, Le Val-de-Loire et le Perche. — 1893. 1 volume. 3 fr. 50 c.

— 2e Série : Des Alpes mancelles à la Loire maritime. — 1894. 1 volume. 3 fr. 50 c.

— 3e Série : Les Îles de l'Atlantique : I. D'Arcachon à Belle-Isle. — 1895. 1 volume avec 19 cartes ou croquis. 3 fr. 50 c.

— 4e Série : Les Îles de l'Atlantique : II. D'Hoëdic à Ouessant. — 1895. 1 volume avec 25 cartes ou croquis. 3 fr. 50 c.

— 5e Série : Les Îles françaises de la Manche : Bretagne péninsulaire. — 1896. 1 volume avec 26 cartes ou croquis. 3 fr. 50 c.

(Les Îles de la Méditerranée, la Corse, celles du groupe d'Hyères, etc., sont décrites dans le volume: *L'Armée navale en 1893*.)

— 6e Série : Cotentin, Campagne de Caen, Pays d'Auge et Seine maritime. (*Sous presse.*)

— 7e Série : Lyon, les monts du Lyonnais, la vallée du Rhône de Seyssel à la mer.

14 autres volumes compléteront ce grand travail activement poursuivi par l'auteur.

ARDOUIN-DUMAZET

Voyage en France

7ᵉ SÉRIE
LA RÉGION LYONNAISE
LYON
MONTS DU LYONNAIS ET DU FOREZ
Avec 16 cartes ou croquis.

BERGER-LEVRAULT ET Cⁱᵉ, ÉDITEURS
PARIS | NANCY
5, RUE DES BEAUX-ARTS | 15, RUE DES GLACIS
1896
Tous droits réservés

Tous les croquis sans titre compris dans ce volume sont extraits de la carte d'état-major au $\frac{1}{10,000}$.

VOYAGE EN FRANCE

I

LYON

Exposition de Lyon. — Les transformations de Lyon. — Une légende qui disparaît. — La région lyonnaise. — Émigration des industries. — Ce qu'on voit de Fourvières.

Avril 1891.

L'exposition de Lyon est une tentative de décentralisation qui aurait pu avoir plus d'éclat et d'ampleur si, dès les premiers jours, on avait eu foi dans les résultats. Mais il s'agissait d'une entreprise privée qui a rencontré bien des obstacles ; il a fallu que le succès se dessinât pour que tout le monde se mît de la partie. Devant l'afflux de visiteurs qui s'annonçait de toute la région, des Vosges à la Méditerranée, des Alpes à l'Auvergne, on s'est dit qu'il fallait montrer la vitalité de Lyon et, tardivement, on a suivi les audacieux qui ont cru pouvoir convier les industriels à se réunir dans une ville de province après les expositions de Paris et de Chicago.

A cette entreprise qui semblait si téméraire mais qui a eu pour résultat d'amener par centaines de mille les visiteurs, la capitale du Sud-Est a gagné sans doute de voir détruire enfin les légendes courant depuis si longtemps, acceptées sans discussion, qui en font une ville noire, aux rues étroites, d'où le brouillard enfermé entre de hautes murailles, lourd et fétide, ne s'échappe jamais. La réputation est établie ; protester est un paradoxe.

Cependant ce tableau, autrefois vrai, ne répond plus à la réalité des choses. Au vieux Lyon triste et sombre des touristes, comme au Lyon mystique des historiens, une ville monumentale et solennelle s'est substituée et se développe chaque jour. Il faut se hâter si l'on veut encore retrouver quelque coin de la cité austère et maussade d'autrefois.

Des trouées énormes ont été faites dans le dédale des vieilles maisons hautes de six ou sept étages, souvent plus, aux façades noires et lépreuses, aux allées sombres et puantes. D'immenses rues se sont construites, conservant encore la hauteur des façades et la maigreur des saillies. Lorsque l'Haussmann lyonnais, M. Vaïsse, fit donner les premiers coups de pioche, on prit peut-être trop comme modèle la rue de Rivoli ; aujourd'hui on en revient un peu. On continue à bâtir énorme, car on tient à habiter au centre des affaires ou tout au moins à une distance modérée des comptoirs, ainsi les propriétaires sont incités à faire immense pour abriter des locataires plus nombreux ; mais les angles s'arrondissent, des *bow-windows*, des motifs de sculpture moins étiques agrémentent les façades. Encore quelques années, et l'aspect trop uniforme des quartiers neufs de Lyon sera atténué.

Ces quartiers neufs se construisent partout. Si le 6ᵉ arrondissement, c'est-à-dire les Brotteaux, demeure la plus monumentale des villes de province, la Guillotière elle-même se transforme. Les rues, longues parfois de plusieurs kilomètres, sales, boueuses, bordées de maisons basses, crûment bariolées de rouge, de bleu et de gris, legs des barbouilleurs italiens, se bordent peu à peu de constructions à six étages. Il y a cent cinquante mille habitants dans ce quartier ; la disparition des masures et leur remplacement par les grandes maisons qui s'alignent déjà sur quelques avenues permettraient d'en loger trois ou quatre cent mille.

De ce côté seulement, la ville peut s'étendre. A l'ouest, c'est-à-dire du côté où la plupart des grandes cités étalent la mer de leurs édifices, la colline abrupte de Fourvières ne recevra jamais que des villas, des « campagnes », comme disent les Lyonnais. Entre les deux fleuves, toute la place est occupée. Les démolitions des vieilles maisons font plutôt émigrer les habitants, car les nouvelles, bordant des rues plus larges, d'ailleurs occupées par des magasins, seront bien moins nombreuses et moins remplies. Ainsi, le quartier Grôlée, récemment tombé sous le marteau et où l'on édifie d'opulents massifs de pierre de taille, a vu ses milliers d'habitants obligés de traverser le Rhône pour aller s'établir sur la rive gauche du fleuve.

Déjà, lorsqu'il a fallu construire une préfecture, des facultés de médecine, des sciences, et des lettres, une école de santé militaire, un nouveau mont-de-piété, c'est dans cette Guillotière, jadis si mal famée, qu'on est allé chercher les emplacements nécessaires. Là, on peut tailler en plein drap. Quand il ne restera plus de masures à détruire, la plaine du Dauphiné s'étendra toujours pendant des lieues. Déjà sur ce plateau aride formé de cailloux roulés apportés par le Rhône et les anciens glaciers, les tramways à chevaux ou à vapeur ont fait naître d'interminables faubourgs. Le génie militaire, lui-même, a compris que l'enceinte devait être assez ample pour faire face à cet accroissement incessant. L'immense demi-cercle de remparts qui va du haut Rhône au Rhône inférieur, sur une longueur de 12 kilomètres, est à plus de 5 kilomètres des quais; il englobe en partie les communes de Villeurbanne et de Bron, environ 20,000 âmes. Ces communes sont, en réalité, une partie de la ville; de même, au nord, Caluire et Saint-Rambert, et, sur la rive droite de la Saône, Écully, la Mulatière et Oullins[1].

La ville a donc aujourd'hui, sur la rive gauche du Rhône, des limites bien déterminées, dans lesquelles elle pourra sans peine réunir plus d'un million d'hommes. Sa foi dans cet avenir est entière, aussi a-t-elle entrepris d'immenses et superbes travaux de voirie. Les nouveaux ponts du Rhône, notamment, composés de trois arcs surbaissés en acier, traversant un fleuve large de 300 mètres en moyenne, sont les plus remarquables qu'on ait encore construits en France. Ces trois ponts, auxquels deux autres vont encore s'ajouter, donnent aux quais, déjà superbes, un incomparable caractère de majesté.

---

1. Voir la carte de Lyon et ses environs, p. 56

L'extension de la ville à l'est n'a pas eu les résultats fâcheux qu'on aurait pu craindre pour le centre. La presqu'île est restée la partie vitale de Lyon ; là sont toujours les banques, les magasins, les comptoirs des fabricants de soieries. La nécessité de la relier à la ville neuve a multiplié les moyens de communication et il en est résulté une animation bien faite pour étonner ceux qui n'ont pas vu Lyon depuis une vingtaine d'années. A certaines heures, le mouvement est énorme.

Dans cette transformation s'atténue le caractère lyonnais, jadis si personnel, l'accroissement incessant ne s'obtient que par l'immigration. Ce mouvement est d'autant plus remarquable que la fabrique lyonnaise tend à se déplacer. Si la grande industrie augmente chaque année le nombre de ses usines dans la ville et sa banlieue, les industries des textiles, des feutres, etc., s'en éloignent au contraire. La cherté de la main-d'œuvre et de la force motrice a poussé nombre de maisons à créer dans les campagnes du Dauphiné, du Bugey et du Vivarais des établissements nouveaux. Les habitants y sont nombreux et travailleurs, ils se contentent d'un moindre salaire ; les forces naturelles des rivières et des torrents sont inépuisables ; aussi de gros bourgs industriels se sont-ils créés dans des régions sauvages et ignorées.

Mais Lyon n'en reste pas moins le centre commun pour les affaires. C'est le cerveau qui dirige. C'est à Lyon que les capitaux affluent ; de là aussi ils se répandent sous forme de salaires dans les plaines et les montagnes du Dauphiné, du Vivarais et du Velay.

Dans quelques rues de Lyon, le soir, on voit des files de lourds chariots, attelés de chevaux vigoureux, qui s'ébranlent dans toutes les directions. Ce sont les fourgons-poste. Là sont entassées les matières premières que les usines ou les métiers des ouvriers travaillant chez eux vont transformer. Dès le matin, à de grandes distances, à Chambéry, par exemple, ces fourgons, grâce aux relais, ont pu distribuer l'ouvrage, reprendre les produits achevés et rentrer le soir à Lyon ; ils représentent la vie pour toute une immense région qu'ils sillonnent sans cesse. Les chemins de fer n'ont pas pu s'assouplir aux nécessités de l'industrie lyonnaise ; ils n'ont pas su organiser des trains spéciaux du soir et un service de distribution. C'est pourquoi les campagnes du Sud-Est présentent encore, mais combien plus actif, l'antique système des malles-postes.

Ce que Lyon a entrepris sur une aussi vaste échelle, les villes voisines, ses satellites, l'ont tenté à leur tour. Tarare, Saint-Étienne, Saint-

Chamond, Saint-Symphorien-sur-Coise, Amplepuis, Thizy, Grenoble, Voiron, Bourgoin, sont autant de foyers d'où rayonne l'activité. C'est ce puissant organisme que je me propose d'étudier dans ses divers rouages, en consacrant à la région lyonnaise cette nouvelle série du *Voyage en France*.

Qu'entend-on par « région lyonnaise » ? Le terme est à la fois bien vague et bien précis. Si on envisage la soierie, la région de Lyon s'étend sur les deux versants de la région rhodanienne jusqu'à la hauteur de Tarascon, et à une partie des Cévennes. Là se cultive le mûrier et s'élève le ver à soie, là est dévidé le cocon, là est moulinée la soie. Depuis quelques années, Lyon s'est prolongé jusqu'à la mer par la création de Port-Saint-Louis-du-Rhône, œuvre entièrement lyonnaise, peu connue encore, dont les résultats sont bien faits pour étonner.

Mais la vraie région lyonnaise, celle des usines et des paysans travaillant à leurs métiers tout en poursuivant leurs cultures, est moins vaste. Elle comprend dans ses limites Annecy, Albertville, Grenoble, les montagnes de l'Oisans, les rives de l'Isère jusqu'à son embouchure, les arrondissements de Tournon et du Puy, les départements de la Loire et de la Drôme, le Rhône, une partie de Saône-et-Loire, l'Ain et la région méridionale du Jura. Sauf la Dombe, la Bresse et le Dauphiné aux abords de Lyon, c'est un pays montagneux, couvert de neige pendant une partie de l'hiver, mais cependant très riche, grâce au sol presque partout fertile et à ses productions minérales. La présence de la houille a permis à la région lyonnaise, fort industrieuse déjà dans le passé, de profiter de l'immense transformation produite par la vapeur.

Du haut de sa célèbre colline de Fourvières, Lyon domine tous ces pays que son génie patient a su transformer et enrichir. Même au point de vue économique, l'ascension du coteau mystique reste intéressante. De là, seulement, on comprend bien les lois qui ont fait naître une grande cité et continuent à l'accroître. Les deux fleuves dont le contraste nous a valu tant d'images de rhétorique, restent, malgré les chemins de fer, une voie maîtresse. Peut-être même leur rôle ne fait-il que commencer. L'amélioration de l'immense ligne navigable de la Méditerranée à la Manche est une œuvre de première nécessité. Par elle, nous pouvons ressaisir le transit qui nous échappe. Le large fleuve qui descend vers les paysages ensoleillés de la Drôme et de la Provence, la rivière profonde et claire qu'on voit couler dans les plates campagnes de la Bresse sont un merveilleux instrument de richesse.

Le haut Rhône, malgré son dédale d'îles et de fausses coulées, devrait être considéré, lui aussi, comme une source de fortune. Pour la navigation, il ne sera jamais qu'une route secondaire, mais quelle précieuse réserve n'offre-t-il pas à l'industrie par ses puissantes eaux où des milliers et des milliers de chevaux-vapeur peuvent être captés !

Au pied des collines, dans les plaines, sur les deux rives des fleuves, on voit courir les panaches de fumée des locomotives. Les chemins de fer ont trouvé au confluent du Rhône et de la Saône leur point naturel de jonction, non seulement à cause de l'attraction de la ville, mais aussi par la configuration du sol. Toutes les routes aboutissent naturellement à ce couloir frayé par la Saône entre les roches granitiques de la Croix-Rousse et de Fourvières et qu'il faut suivre pour gagner la plantureuse Bourgogne, la Franche-Comté et le bassin de Paris. Même si Lyon n'existait pas, il naîtrait là un nœud de routes et de voies ferrées.

Ces détails ne frappent qu'à la longue. La vue de l'immense panorama ne permet pas de les saisir aussitôt. Par un temps gris, l'attention est surtout attirée par l'amoncellement des maisons sur les collines, par les toits noircis de fumée et pressés entre les deux fleuves ou largement étalés dans la plaine. La brume pèse lourdement sur le tableau et l'empreint de tristesse, d'une tristesse bien particulière. Mais vienne un coup de vent qui balayera soudain les vapeurs, et le paysage prend un caractère prestigieux. Dans les belles journées d'été, on découvre jusqu'aux cimes des Alpes ; le Mont-Blanc et le Pelvoux servent de bornes au tableau, unis par une large rangée de montagnes blanches de neige. On voit tous les contreforts successifs des Alpes se dresser de gradin en gradin jusqu'aux neiges éternelles : la Dent-du-Chat, la Grande-Chartreuse, les monts du Villard-de-Lans au premier plan, séparés de Lyon par l'immense étendue des plaines et des plateaux du bas Dauphiné. Les montagnes du Bugey, les hauts « crêts » du Jura continuent vers le nord la sublime rangée des montagnes.

Tout autour de Fourvières d'autres chaînes se développent. C'est, au bord du Rhône, la borne immense du mont Pilat sur l'autre versant duquel commence le vrai Midi ensoleillé, le Midi des oliviers. Voici la chaîne des monts du Lyonnais, plus rapprochée, couverte de prairies, couronnée de pins, blanche d'une infinité de villages ; par une coupure on aperçoit les monts du Forez. Maintenant ce sont les âpres montagnes de Tarare, remplies de bourgs industrieux, les monts du Beaujolais tapissés de vigne et surtout cet admirable massif du mont d'Or lyonnais, si vert, si riant, si fleuri et dont l'ascension s'impose à tous les visiteurs s'ils veulent emporter de la région lyonnaise une juste et durable impression. Enfin, ce sont les étendues, d'une mélancolie douce, de la Dombe et de la Bresse, par où l'on échappe à cet immense cercle de montagnes.

Ce panorama si souvent décrit est l'un des plus beaux que puisse offrir la France entière. Ce serait même le plus beau si les environs de Lyon n'avaient pas encore pour observatoires le mont d'Or, le village de Riverie dans les monts du Lyonnais, la colline de Chaudieu dans la plaine du Dauphiné et le sommet du Pilat. Mais si l'on trouve des points de vue plus vastes et des horizons plus larges encore, la vue, à Fourvières, n'en reste pas moins incomparable par l'aspect de la vaste cité, le cours des deux fleuves, la vie et la variété du paysage immédiat.

Nous pénétrerons bientôt dans ces montagnes, qui forment un si magnifique cadre au panorama de Fourvières, pour étudier d'une façon plus intime cette région lyonnaise dont quelques points seulement : la Grande-Chartreuse, Aix-les-Bains, Annecy, sont connus de la foule.

II

RÔLE SOCIAL DE LYON [1]

Histoire d'un petit canut. — Du métier à la présidence de la Chambre. — Le caractère lyonnais. — Les artistes lyonnais. — Origines de la population actuelle. — La charité à Lyon. — Les écoles. — Lyon jugé par ses rivaux. — La presse lyonnaise.

. . . . . .

En rappelant la carrière si brillante de ce pauvre Burdeau, enlevé lorsqu'il venait d'atteindre une des plus hautes situations que peut donner une démocratie, on a surtout exalté la volonté ferme et sans cesse soutenue qui conduisit le pauvre petit canut du métier sonore battant dans les vieilles maisons lyonnaises à la direction des affaires publiques de son pays. Cette fortune rapide, sitôt brisée par la mort, est entrée dans l'histoire du peuple au même degré que celle de tant d'hommes illustres partis d'en bas, histoire dont on a bercé notre enfance.

---

1. Ce chapitre sur Lyon a été écrit pour une Revue au lendemain de la mort de M. Burdeau.

On aurait tort d'y voir, au moins pour Lyon, un rare exemple. Burdeau a incarné, par une rapide et prestigieuse destinée, les dons les plus heureux de sa ville natale ; il a montré comment, dans cette ville active, mais d'une activité peut-être austère, l'homme de courage et de volonté parvient à se frayer un chemin. Le cas de Burdeau n'est pas isolé ; si l'on pénètre dans la vie intime de la grande cité travailleuse, on trouvera que la plupart de ses hommes marquants se sont fait eux-mêmes leur avenir. Pour agir sur un théâtre moins vaste que celui où le jeune professeur s'est trouvé transporté, ils n'en ont pas moins entrepris un ardent combat pour la vie.

Dans aucune autre ville, peut-être, on n'a davantage aidé les intelligences à se frayer les chemins. Quiconque, parmi les enfants du peuple, parmi les plus pauvres, est doué pour sortir de la sphère où il est né, trouve la voie ouverte. Pour Burdeau, une grande route, presque sans obstacles, le mena à l'école normale et au professorat, où la politique devait le prendre tout jeune encore pour le conduire au pouvoir. Pour d'autres, ce sont des sentiers plus rudes, où la marche est lente, où le but poursuivi a moins d'éclat, mais qui dirigent sûrement à des destinées parfois inespérées.

Pour bien comprendre Lyon, le Lyon moderne, il ne faut pas le chercher dans la description où tant d'auteurs se sont complu. Le tableau éloquent et vivant qu'en a fait Michelet a cessé d'être vrai ; le Lyon mystique et le Lyon du travail qu'il opposait l'un à l'autre pour expliquer le tempérament lyonnais sont noyés dans une ville nouvelle, sans cesse grandissante, véritable creuset où se forme, par l'immigration des provinces voisines, un peuple nouveau qui a déjà profondément modifié l'état social de cette seconde ville de France, en en faisant réellement une capitale pour une vaste contrée, au lieu du monde fermé qu'elle fut jadis.

Parmi les villes de la vieille France, l'antique cité était une de celles qui avaient gardé une vie locale intense ; rarement visitée par les rois, ne subissant pas l'impression de Paris comme les grandes communes riveraines de la Loire et de la Seine, livrée tout entière à l'industrie et au négoce que lui avaient apportés les Lombards et les Florentins, elle avait plutôt obéi à l'influence de l'Italie voisine. Elle constitua au sein de la France un foyer de richesse, de littérature et d'art dont on ne se fait pas exactement une idée si l'on se borne à traverser la ville en touriste pressé. Mais un séjour un peu prolongé démontre bientôt, dans le passé et jusque dans le présent, une sorte de société, on pourrait dire de civilisation bien à part. Au moyen âge, à la Renaissance, pendant le grand siècle et, de nos jours encore, Lyon s'est donné une forme d'art et un tour de pensée particuliers. Ses monuments furent l'œuvre d'architectes du terroir, tels Philibert Delorme et Simon Maupin, plus tard Dardel, Bossan et Tisseur; ils furent ornés par des artistes lyonnais. tels Coysevox et Coustou. Peintres, graveurs, imprimeurs, savants, eurent une renommée dépassant les limites de leur ville natale. Trois de nos plus grands peintres modernes : Meissonier, Chenavard, Puvis de Chavannes, sont nés à Lyon et ont passé leur jeunesse dans l'atmosphère artistique de la cité où étaient nés Ampère et Jacquard.

Nous ne nous imaginons pas facilement cette société dont la floraison, pendant les deux derniers siècles, a été vraiment merveilleuse. Mais en parcourant les parties restées debout de l'ancienne ville, dans les rues noires, sombres, aux maisons lépreuses, aux corridors humides et étroits entremêlées au pied de la colline de Fourvières, on comprend mieux le passé. Il y a là, derrière de banales façades, des hôtels et des maisons particulières au moins comparables à la plupart des édifices privés que l'on va visiter en Normandie ou dans les villes riveraines de la Loire. Cours à arcades, fenêtres à meneaux, motifs délicats de la Renaissance, mascarons au pur profil y abondent. Il y a plus de monuments particuliers dignes d'admiration, dans ce quartier aujourd'hui pauvre et dédaigné, qu'on n'en rencontre en des provinces entières. Presque chaque porte basse, de louche aspect, percée dans un mur sans caractères, conduit dans un logis où l'art de nos pères s'est donné libre carrière. Il y aurait un véritable musée architectural à créer à Lyon, musée unique en France, en disant au passant, par une plaque indicatrice, quelles œuvres délicates sont à sa portée, encore charmantes sous la crasse et le badigeon ocreux. Les Lyonnais eux-mêmes les ignorent un peu ; ils vont de préférence dans la ville nouvelle, large, claire et majestueuse, édifiée de nos jours.

Ces splendeurs à demi effacées, perdues dans un quartier déserté aujourd'hui par les fils des créateurs de ces merveilles, ont échappé à ceux qui ont parlé de Lyon et de son rôle social. L'antithèse entre le monde religieux de Fourvières — qui attend encore son Ferdinand Fabre — et le monde travailleur de la Croix-Rousse, réclamant la mort ou du pain, était trop facile ; le génie de

Michelet l'a développée avec magnificence et elle est devenue classique ; d'autres, Sainte-Beuve surtout, ont cherché dans des personnages de second plan, comme Ballanche — le doux Ballanche — et Mme Récamier, à expliquer le caractère lyonnais ; on a souscrit à leurs conclusions.

Mais la double ville du travail et de la prière, décrite par Michelet, n'est plus. Lorsque la vapeur est apparue, elle a, dès les premiers jours, amené une transformation prodigieuse, qui se poursuivra longtemps encore. La Croix-Rousse a perdu son autonomie, et je n'entends pas dire seulement son autonomie communale, mais surtout son autonomie industrielle et sociale ; la soierie étend aujourd'hui son domaine jusqu'aux lointaines montagnes des Alpes et du Bugey, aux Cévennes et aux monts du Mâconnais. Le développement de l'industrie sous l'influence des capitaux lyonnais a été prodigieux. Pour cette colossale ville d'affaires, la Croix-Rousse n'est plus qu'un appoint ; au loin, comme je l'ai déjà dit, dans les campagnes du Dauphiné, de la Savoie et de l'Ardèche, se tissent les tissus qui ont fait la réputation de la grande ville.

En même temps, Lyon reprenait le rôle assigné depuis longtemps à ce confluent du Rhône et de la Saône où affluent toutes les routes entre les pays du Nord et la Méditerranée Les chemins de fer y sont venus, non seulement pour desservir un grand centre, mais parce que c'était un lieu de passage obligé, ils s'y sont naturellement soudés ; de là ils ont rayonné sur la France centrale, sur la Suisse, l'Italie, la Provence et le Jura. Et toutes ces provinces, tous ces pays y ont été attirés ; le voisinage d'un puissant bassin houiller a développé les industries nouvelles : la cité vivait uniquement par la soierie et la banque, elle est devenue une gigantesque usine où toutes les productions se rencontrent. Si l'on faisait la balance entre la soierie et les autres industries lyonnaises, peut-être celles-ci auraient-elles la suprématie. Mais si elles sont nées, si elles se développent, c'est qu'elles ont trouvé là, grâce à la soie et aux fortunes accumulées par elle, des capitaux et des débouchés presque illimités. Le peuple de commerçants et de tisseurs établi entre la Saône et le Rhône ne pouvait suffire à peupler les nouveaux ateliers et les nouveaux comptoirs ; il a fallu faire appel au dehors ; depuis quarante ans un flot continu de Savoyards, de Dauphinois, de Vivarais, de Foréziens, d'Auvergnats, de Charollais, de Mâconnais, de Bressans, de Bugeysiens, de Suisses et d'Italiens se porte sur Lyon, noyant les autochtones dans leur masse sans cesse croissante.

Le caractère lyonnais s'en est trouvé profondément modifié, moins cependant qu'on ne le pourrait croire, tant sa vitalité est puissante. Lyon a surtout la bonne fortune d'être entouré de populations ardentes au travail, réfléchies, profondément imbues d'indépendance morale. Depuis quarante ans, plus de trois cent mille individus sont venus se mêler à la population primitive, apportant dans ce milieu un flot d'idées nouvelles et de jeunes ambitions. Une ville américaine s'est créée de toutes pièces au delà du grand fleuve où la plaine dauphinoise offre à son développement des espaces illimités. Elle a profité des richesses accumulées depuis tant de siècles, des fondations charitables que des traditions familiales perpétuent et accroissent sans cesse, elle les a complétées par un merveilleux ensemble d'institutions scientifiques et littéraires qui font aujourd'hui de Lyon un centre égal, sinon supérieur, aux universités les plus fameuses.

Pour bien comprendre le rôle prépondérant de Lyon dans la vie provinciale renaissant enfin après une longue éclipse au profit de Paris, il faut établir autrement que par le recensement municipal l'importance de cette énorme agglomération. Alors que Marseille possède une population de

403,749 habitants, Lyon en compte 438,000 ; il y a seulement en apparence 35,000 habitants d'écart. Mais la commune de Marseille s'étend sur un territoire énorme ; près de 100,000 individus ne sont pas dans la ville, ils habitent des bourgs et des villages éloignés. La surface de la commune de Marseille est de 23,801 hectares, celle de Lyon est de 4,318 seulement.

Au delà de Marseille, aucun centre important ; autour de Lyon, au contraire, c'est un cordon de faubourgs populeux, communes à part, faisant en réalité partie du même organisme. La zone bâtie sans solution de continuité entre les limites de Lyon et celle des communes limitrophes donne plus de 70,000 individus ; il y a donc là, sur 13,000 hectares à peine, y compris la surface des deux fleuves, plus de 500,000 habitants vivant de la même vie sinon municipale, du moins commerciale et industrielle.

Et le mouvement s'accroît d'une façon régulière. Chaque jour des industries nouvelles se créent, puisant sans peine dans les milliers de bras venus de tous les points de la vaste région que le Rhône, la Saône, la Loire supérieure et leurs affluents parcourent. En même temps, la nécessité de trouver la force motrice en abondance et à bas prix conduit les fabricants lyonnais à installer des ateliers dans les gorges jadis les plus sauvages des montagnes. Peu à peu les torrents sont captés, disciplinés, assujettis pour le compte de maisons lyonnaises, et il se fait ainsi, entre les départements voisins et la grande cité, par les émigrants qui n'oublient point leur origine, par la communauté d'intérêts, un mouvement incessant d'idées. Là où la force motrice manque, où le ciel est trop chaud pour assurer la pérennité des torrents et des rivières, croît l'arbre précieux auquel Lyon a dû sa fortune. Le mûrier couvre les plaines de la Drôme et du Comtat, les vallées ensoleillées de l'Ardèche et du Gard, et permet d'élever les vers à soie dont les cocons seront transformés pour l'industrie lyonnaise.

En réalité, Lyon dépasse de beaucoup le site du confluent du Rhône et de la Saône ; il descend sur le grand fleuve jusqu'au défilé de Donzère, s'étend dans les Cévennes jusqu'à Alais, comprend une moitié du Jura et a pour faubourg Saint-Étienne et sa banlieue de villes travailleuses.

Ce rôle nouveau de Lyon explique la transformation profonde des mœurs locales. Les grands mouvements populaires d'autrefois, quand il n'y avait qu'une industrie de luxe subissant le contrecoup de toutes les aventures de la fortune publique, sont devenus presque impossibles. Dans ce milieu d'ouvriers, d'employés, de petits commerçants accourus de tous les pays voisins, les fortes qualités des montagnards des Alpes et des Cévennes se sont maintenues. Leur robuste bon sens ne s'est pas laissé prendre au mirage décevant du socialisme, et l'épidémie n'a point fait dans ce milieu populaire les progrès qu'on aurait pu craindre. A la Chambre, au conseil général, au conseil municipal, les idées moyennes ont conservé la prééminence. Rien ne fait supposer que, de longtemps encore, il en soit autrement.

Il ne faudrait pas faire honneur de cette sagesse aux seuls nouveaux venus dans l'agglomération lyonnaise. Si l'état moral de ce demi-million d'hommes se raffermit, l'esprit lyonnais d'autrefois y est pour une forte part. Les aïeux par leur charité, par leur amour de leur ville, par ce que nous appellerions aujourd'hui leur philanthropie, ont préparé et assuré le bien-être matériel et moral des générations futures. Dans aucune cité au monde la charité privée n'a fait de telles merveilles. Les dons et les legs aux hôpitaux et aux établissements de bienfaisance ont été et sont encore si considérables, que le budget de la ville, fait unique sans doute, n'a pas à fournir un centime pour les établissements charitables. Les sept maisons réunies sous le nom d'hospices de Lyon : Hôtel-Dieu, Charité, Antiquaille, vieillards de la Guillotière, le Perron, hôpital de la Croix-Rousse et asile Sainte-Eugénie, disposent de près de trois millions et demi de revenus annuels.

Et ce n'est là qu'une part, la plus forte il est vrai, des ressources de la charité à Lyon. A côté de cette organisation séculaire des hospices, il y a des centaines d'institutions de bienfaisance dont la seule énumération remplit six grandes pages du rapport fait à l'Exposition de 1889 par la section lyonnaise d'économie sociale et d'assistance.

La misère et la souffrance sont donc combattues dans une mesure qu'on n'atteint nulle part ailleurs ; les Lyonnais d'origine ne sont pas seuls à en bénéficier, les ressources de la charité sont presque inépuisables à Lyon ; aussi les excitations à la haine y trouvent-elles moins d'écho qu'en d'autres contrées.

Mais là ne s'est pas bornée la philanthropie des vieux Lyonnais. Par vieux Lyonnais j'entends les descendants des familles qui ont fait le renom de leur ville et établi sur des bases inébranlables les ressources de la bienfaisance, et non les nouveaux venus dans le commerce lyonnais, qui, ayant trouvé un terrain préparé, ont fait des fortunes étrangères à ces traditions généreuses ; ceux-là, on les appelle des « soyeux ». Les vieux

Lyonnais, ceux qui procèdent des fondateurs de tant d'œuvres charitables, ont porté aussi leur attention sur la charité intellectuelle en créant des écoles et des cours populaires où s'est préparée la génération qui a si facilement pu profiter des conditions nouvelles de l'industrie. Le major Martin, en consacrant une fortune gagnée dans l'Inde à créer la première école d'enseignement professionnel, a montré la voie. L'école de la Martinière a formé pour le commerce un nombre énorme de contremaîtres et de comptables, dont beaucoup sont devenus à leur tour chefs de puissantes maisons. Mais la Martinière s'adresse aux enfants ; la Société d'enseignement professionnel a étendu aux adultes les facilités d'apprendre. Cette société a organisé, à elle seule, 181 cours publics par année, dont 100 sont des cours vraiment professionnels pour les ouvriers des divers métiers. Des milliers d'auditeurs les suivent ; ils sont en rapport avec les généreux citoyens qui entretiennent et protègent l'œuvre ; il y a donc entre ces ouvriers, ces employés et la bourgeoisie un lien puissant empêchant bien des malentendus. Si la bourgeoisie roubaisienne avait imité la bourgeoisie lyonnaise, le socialisme n'aurait pas trouvé dans le Nord le terrain où il s'est épanoui si promptement.

On ne s'en est pas tenu là. A côté de cette sorte d'enseignement professionnel primaire, des écoles plus hautes s'ouvrent aux jeunes intelligences et assurent le recrutement du personnel appelé à diriger un jour le commerce de Lyon, les usines de la région, les succursales créées dans tous les pays du monde, en Italie comme au Japon, en Amérique comme en Chine. L'esprit d'initiative des Lyonnais s'est développé d'une façon merveilleuse. En Algérie, en Tunisie surtout, ils ont apporté leurs capitaux et entrepris la colonisation sur une grande échelle. Au Tonkin, des Lyonnais encore, en dépit d'obstacles sans nombre, ont entrepris la mise en valeur du pays. L'influence de la grande cité commerciale ne cesse donc de s'étendre.

Mais Lyon ne s'en est pas tenu à cette forme pratique de l'enseignement. Si elle façonne dans ses cours du soir, dans ses grandes écoles de commerce et d'industrie, des hommes appelés à accroître encore son domaine déjà si vaste, elle a su doter non moins généreusement les établissements universitaires qui font sa gloire. Les facultés ont une réputation qui dépasse les limites de la province et accroît encore sa force d'attraction.

L'Exposition de Lyon, en dépit des orages

qu'elle a traversés et de l'horrible drame dont elle fut la cause indirecte lorsque Carnot tomba sous le couteau d'un fanatique, a contribué un peu à mettre ce caractère de la cité lyonnaise en lumière. Ce fut une révélation pour la France. On connaissait bien l'existence de l'opulente cité, mais on ne s'y arrêtait pas. On passait dans ses gares pour aller à Paris l'été, pour se rendre à Nice l'hiver. Au matin, sous la brume montant des fleuves, en sortant d'un long tunnel, on voyait de larges voies solitaires, où s'éteignaient les becs de gaz clignotants. Plein du souvenir d'anciennes lectures, on songeait aux rues étroites, empuanties par un brouillard nauséabond, et l'on ne songeait pas à descendre. Si le hasard ou la curiosité poussait à un arrêt, on n'allait pas au delà des quais, on ne gagnait même pas l'Hôtel de ville, on ne pouvait se rendre compte ni de la fièvre du quartier des affaires, ni des majestueux aspects des larges avenues des Brotteaux et des longues lignes des quais aux panoramas changeants. Et l'on revenait en confirmant la légende qui faisait de Lyon une ville morte et sans caractère.

L'Exposition, par son site aux confins de la cité, dans ce merveilleux parc de la Tête-d'Or, où l'on parvient après une longue course par les grandes avenues, les larges ponts monumentaux et les rues modernes, a détruit la légende. J'en ai recueilli l'aveu dans les journaux de Marseille et de Bordeaux, deux villes rivales qui attirent davantage la foule par leur gaieté méridionale. Les Bordelais déclaraient que ce n'était guère la peine d'aller à Lyon si on avait vu Paris, l'aspect, sauf la foule, bien moins grande, étant celui de la capitale. A Marseille, le *Petit Marseillais* « osait » imprimer ceci :

« Je reviens de Lyon émerveillé, non pas tant de l'Exposition que de la ville même. Il faut en convenir, le chef-lieu du Rhône a un aspect particulier de grandeur, d'opulence, presque de majesté. Ses vastes quais, plus beaux que ceux de Paris, ses larges ponts, ses immenses places, ses rues rectilignes, ses grandioses édifices, ses gares monumentales, ses maisons de belle apparence, ses halles confortables et bien pourvues, l'abondance des promenades, des squares, des espaces égayés par des arbustes ou des plantes vertes, de nombreuses fontaines d'un beau caractère, la propreté des rues et des trottoirs, la fréquence des moyens de locomotion: omnibus, tramways à cheval, à vapeur, à traction électrique, soit par fil, soit par accumulateur, chemins de fer à ficelle, bateaux-mouches sur la Saône, voitures de place et de maître, et par contre, l'absence presque complète de ces charrettes qui à Marseille constituent le principal appoint de notre « mouvement », tels sont, à ce que je crois, les éléments qui contribuent à donner à Lyon cette physionomie imposante. »

Telle est l'impression produite par Lyon sur un de ces Marseillais nourris dans l'idée que leur ville est supérieure à toutes les autres. Elle a été partagée par tous ceux qui ont pu se dégager des idées toutes faites. Les officiers russes s'arrêtèrent à Lyon à leur retour de Paris, ils furent surpris de la grandeur et de la noble ordonnance de cette cité dont le nom leur était certes moins familier que celui de nos grands ports. L'un d'eux, à son arrivée à Toulon, alors que j'essayais de connaître les sensations qu'il avait éprouvées en traversant la France, vint à me parler de la grande cité industrielle ; il s'extasia sur la majestueuse allure des quartiers rapidement traversés. Il la compara à Moscou, non pour l'aspect si différent des deux villes, mais pour le rôle qu'il lui attribuait dans la vie nationale de la France.

A coup sûr, ce rôle n'est pas celui que supposait l'officier russe. La province française n'a pas encore retrouvé son autonomie intellectuelle d'autrefois, mais il se fait un mouvement contre les tendances trop centralisatrices qui prévalent depuis près d'un siècle. A mesure que Paris se montre plus mobile d'esprit, plus prompt à se créer de nouvelles idoles pour les détruire le lendemain, les autres parties de la France cessent de le suivre. On ne l'a pas assez remarqué, Lyon et la vaste région où se fait sentir son action commerciale sont restés à l'abri des soubresauts politiques dont Paris et d'autres régions ont donné le lamentable spectacle. Le boulangisme n'a pas eu prise sur ces populations, et les idées révolutionnaires sont loin d'y progresser. Tout en conservant jalousement leur vie propre, tout en écartant l'immixtion de leurs voisins dans leur existence politique, en ne prenant que dans leur sein leurs représentants, les départements de la région lyonnaise suivent fidèlement l'exemple donné par la grande ville. Il y a là une citadelle difficile à entamer ; elle a été aux heures troubles le refuge des idées de liberté. De Lyon est parti le mot d'ordre de résistance ; une presse puissante, dirigée par des hommes de talent et de cœur, l'a porté dans toute cette vaste contrée. Le journalisme lyonnais est, après celui de Paris, le plus important par le nombre des exemplaires répandus chaque jour. Par centaines de mille s'en vont, toutes les nuits, les feuilles qui, en dépit de la concurrence commerciale ou de divergences de vues politiques, portent le rayonnement de la grande cité. Des plaines de Bourgogne au pays d'Avignon, des monts d'Auvergne aux vallées reculées des Alpes, l'influence morale de Lyon se répand donc sans cesse, achevant l'œuvre commencée par la communauté des intérêts matériels. D'ailleurs, cela n'est pas particulier à Lyon, la presse populaire s'est prodigieusement développée dans quelques grands centres, le succès n'est pas allé aux plus violents mais aux plus sages. C'est pourquoi les emballements bruyants de Paris trouvent si peu d'écho aujourd'hui, partout où les grandes villes de travail ont su unir étroitement leurs intérêts à ceux des campagnes avoisinantes.

III

A TRAVERS LYON

Le quai des Étroits. — Une nuit de Jean-Jacques Rousseau. — La jonction du Rhône et de la Saône. — La presqu'île de Perrache. — L'ancêtre des gares françaises. — La place Bellecour. — Une revue. — Lyon militaire. — Le camp de Sathonay.

30 avril.

J'ai entrepris ce matin une excursion pédestre dans la ville, voulant renouer connaissance avec tous ces quartiers où j'ai vécu ma laborieuse adolescence de petit employé d'usine. Près de trente années ont passé depuis lors ; en visitant en touriste la grande ville, je ne puis m'empêcher de revenir en arrière et de comparer le Lyon que j'ai connu, déjà transformé, à la ville plus majestueuse encore qui se forme. Le bateau-mouche de la Saône m'a conduit au ponton de Perrache d'où, par le pont du Midi, j'ai gagné le quai des Étroits et le pont de la Mulatière. Ce quai des Étroits est un chemin aujourd'hui élargi, devenu une grande route longeant le pied de la colline de Sainte-Foy au bord de la Saône. De merveilleux parcs couvrent le flanc du coteau ; leurs grilles s'ouvrent sur le chemin. Aujourd'hui une presqu'île artificielle, longue de près de trois kilomètres, de l'église d'Ainay à la pointe, lui fait face, couverte par le quartier de Perrache rempli d'usines et de voies ferrées. Il y a cent quinze ans encore, c'était le lit et les îles du Rhône. Du quai des Étroits on avait sur la plaine du Dauphiné et les Alpes une vue immense, aussi avait-on déjà couvert la colline de jardins et de villas dans le goût italien : des terrasses supportées par des arcades dans le style de Florence embellissaient le paysage. Sous un des arceaux de ces murs, Jean-Jacques Rousseau, léger d'argent, ne pouvant payer son gîte, vint passer une nuit. Le récit qu'il en fit est la page la plus heureuse de ses *Confessions*. Le philosophe ne reconnaîtrait guère aujourd'hui le site dont il fut ravi : une flotte d'immenses bateaux à vapeur, un quai bordé par l'arsenal, l'usine à gaz, des manufactures, des passages incessants de locomotives, ont remplacé l'horizon grandiose. Mais la Saône est toujours là, très large ; sur sa surface calme se reflètent les jardins, les terrasses et les villas qui s'étagent jusqu'au sommet de la colline ; dans ce miroir limpide on retrouve encore « l'eau, la verdure, un paysage admirable » que contempla Jean-Jacques en s'éveillant dans sa niche, « lit dont le ciel était formé par la tête des arbres. »

Le chemin aboutit au pont de la Mulatière, jeté près du confluent des deux fleuves. Ici tout a bien changé aussi ; pour maintenir à la Saône une hauteur d'eau régulière, un barrage arrête la rivière à son embouchure même, une écluse longue et large comme l'écluse d'un bassin à flot de l'Océan, permet aux grands vapeurs du Rhône d'entrer dans la Saône. Le confluent du « tranquille Arar et du Rhône fougueux » n'a donc plus rien d'héroïque, mais les deux fleuves réunis sont larges et rapides et la majestueuse masse du Pilat, vers laquelle se dirige le courant, conserve encore au site un peu de sa grandeur. Entre les deux fleuves, séparés par des digues, est un vaste basfond dont la ville de Lyon devrait bien faire un parc, où elle devrait élever un monument aux superbes cours d'eau qui ont fait sa fortune ; ce serait une promenade unique au monde.

Le pont de la Mulatière est dans l'axe d'un quai rectiligne, long d'une demi-lieue, appelé cours Perrache. Comme la gare centrale, comme le quartier tout entier, il porte le nom de l'ingénieur qui conçut le projet hardi de déplacer le confluent et de gagner sur les flots et les graviers l'emplacement d'une ville nouvelle. L'idée était heureuse ;

la première ligne de chemin de fer digne de ce nom vint aboutir plus tard à l'extrémité de la presqu'île. La gare de cette ligne de Saint-Étienne existe encore : cet ancêtre de nos grands embarcadères est un édifice très simple, appelé sans doute à disparaître si on ne le préserve en en faisant une sorte de musée. Ce ne serait pas le moins curieux de tous, un musée des voies ferrées dans cette gare qui a précédé les immenses halls modernes.

La presqu'île de Perrache aurait besoin d'une curiosité de ce genre pour attirer les visiteurs. Depuis que le chemin de fer de Paris à Marseille l'a coupée en deux par les hauts talus sur lesquels est édifiée la gare principale[1], la conception de Perrache est condamnée à rester un faubourg populaire.

Cependant, de grandes avenues bordées de hautes maisons s'y sont établies, une place publique sert de marché aux chevaux, appelé Charabarra

---

1. Lyon possède 10 gares de voyageurs : Vaise et Perrache sur la ligne centrale; les Brotteaux et Saint-Clair sur la ligne de Genève; la Croix-Rousse et Cuire sur celle de Bourg; Saint-Paul et Gorge-de-Loup sur celle de Montbrison; Saint-Just sur celle de Mornant, et Est sur le chemin de fer de Saint-Genis-d'Aoste. En outre, il y a 7 gares pour les funiculaires et des gares spéciales de marchandises en dehors de celles qui avoisinent les gares de voyageurs, à la Part-Dieu et à la Guillotière.

dans le langage local et M. Clair Tisseur, un architecte de talent et un exquis poète, a édifié une église dans le style de transition du xiii° siècle, dédiée à sainte Blandine. La presqu'île possède encore des abattoirs et une vaste prison.

La ville animée commence au delà du chemin de fer, devant la gare de Perrache, la plus vaste et la plus fréquentée des gares de province, bien que les autres gares lyonnaises lui enlèvent la majeure partie des voyageurs de la banlieue. L'édifice serait banal si la haute terrasse sur laquelle on l'a construit et les grandes baies de sa façade ne lui donnaient un aspect monumental. La partie centrale repose sur un triple tunnel conduisant dans la presqu'île et dont les entrées sont ornées de jardins. Devant la gare s'étend un vaste boulevard dont les proportions rappellent l'Esplanade des Invalides, bordé de maisons monumentales et de plusieurs vastes brasseries célèbres dans la région par l'étendue de leur grande salle où plusieurs centaines de buveurs peuvent prendre place à de petites tables de bois. Ces brasseries sont fort nombreuses dans tous les quartiers de Lyon et peuvent passer pour une curiosité.

Face à la gare s'ouvre la place Carnot, ornée de beaux jardins, de pièces d'eau et d'un monument de grande allure élevé à la République française. Il fut inauguré par l'infortuné Président Carnot. Dans l'axe, faisant face à la statue de Louis XIV, sur la place Bellecour, est tracée la rue Victor-Hugo, bordée de hautes et sévères maisons à six ou sept étages. La rue est trop étroite pour ces maisons, aussi a-t-elle un caractère austère qui a dû causer en partie la réputation de morosité de Lyon. La foule n'est guère active qu'aux heures des trains, les promeneurs préfèrent les quais à ce solennel corridor et une partie des lignes de tramways ont pris d'autres itinéraires.

De Bellecour à la gare, la presqu'île est étroite, il n'y a guère plus d'un kilomètre d'un fleuve à l'autre. La structure topographique est très régulière depuis les travaux de Perrache ; mais, au siècle dernier, la jonction se faisait au cœur du quartier actuel. L'église d'Ainay était bâtie en vue du confluent.

Cet édifice, un des plus vénérables de la Gaule, est en dehors du grand courant de la circulation, près de l'élégant hôtel de la compagnie de Terrenoire, devenue mairie du 2ᵉ arrondissement[1] et

---

1. Lyon, comme Paris, est divisé en arrondissements municipaux ; les maires ont été remplacés par un maire unique, assisté dans chaque arrondissement par des officiers de l'état civil. Le 1ᵉʳ arrondissement comprend la base de la colline de la Croix-Rousse et les quartiers du centre ; le 2ᵉ se compose de Perrache et de Bellecour, le 3ᵉ de la Guillotière, le 4ᵉ de

de la petite place Ampère où se dresse, au milieu d'un terre-plein bitumé, la statue du grand savant. L'église d'Ainay est, par l'aspect de sa tour centrale incrustée de rouge, rappelant l'architecture romaine, par les acrotères encadrant la pyramide qui couronne cette tour, par la pureté de ses détails romans, un monument presque unique. Lorsqu'elle fut consacrée, en 1106, sur l'emplacement où une légende fort controversée de nos jours place le tombeau des victimes de la persécution de Marc-Aurèle, il n'y avait là que des îles couvertes de saules et de peupliers. La coupole de l'église est soutenue par quatre colonnes de marbre provenant, dit-on, du monument élevé à Auguste par les nations de la Gaule. Saint-Martin-d'Ainay est donc un des monuments les plus vénérables de la France entière.

Dans la presqu'île d'autres monuments moins intéressants se dressent. Là sont l'École supérieure de commerce qui fournit à Lyon ses chefs d'industrie, ses directeurs de banque et ses grands

---

la Croix-Rousse ; le 5°, le plus étendu et le moins peuplé, comprend tous les quartiers de la rive droite de la Saône et les hauteurs de Fourvières ; enfin le 6° se compose des Brotteaux.

Lorsque les communes comprises dans l'enceinte fortifiée seront annexées, ce qui est inévitable, Villeurbanne formera sans doute un nouvel arrondissement et le 6° sera scindé en deux, où trouveront place les communes limitrophes.

commerçants, l'Hôpital militaire, l'hospice de la
Charité et, sur le quai Tilsitt, bordé d'hôtels particuliers, la belle façade du temple israélite.

Perrache finit par une rangée de maisons banales que remplacent peu à peu de superbes édifices, formant la façade sud de la place Bellecour,
sans doute la plus vaste de toutes les places publiques de France. Elle est irrégulière de forme,
mais des plantations d'arbres et de beaux jardins
ont rétabli l'harmonie.

Du côté du Rhône et de la Saône la place est
bordée par d'énormes constructions, appelées les
« façades de Bellecour », construites sur l'ordre
de Napoléon pour remplacer celles que la Convention avait fait démolir à la suite du siège de
Lyon, en vertu du décret, demeuré fameux, qui
ordonnait la ruine de la ville.

L'immense place est en ce moment remplie de
troupes ; le gouverneur militaire nouvellement
nommé, général Voisin, passe la garnison en
revue.

Ces prises d'armes, depuis le temps du maréchal
de Castellane, sont pour les Lyonnais une sorte de
fête ; par toutes les rues afflue la foule : employés
en habit de bureau, ouvriers en bourgeron, accourus des ateliers du voisinage, se pressent sur
les trottoirs, car les chaussées et le terre-plein

sont réservés aux régiments. Des gardiens de la paix à cheval, ayant une tenue semblable à celle des gardes républicains de Paris, font la chasse aux piétons qui s'aventurent sur le pavé.

C'est un merveilleux décor, bien qu'un peu exign, pour six régiments d'infanterie, le train, l'artillerie à pied, trois régiments de cavalerie et leur artillerie et les troupes d'administration. La place, encadrée de hautes maisons, dominée par les coteaux de Fourvières où les parapets des forts se mêlent si étrangement aux églises et aux couvents, a pour ornement principal le « cheval de bronze ». Rien d'Auber, cependant, dans cet empereur romain en perruque, juché sur un admirable cheval. Si l'on s'approche du piédestal, on lit simplement :

CHEF-D'ŒUVRE DE LEMOT
SCULPTEUR LYONNOIS

Rien de plus: il s'agit cependant de Louis XIV. Le grand roi allait être jeté à bas, en 1870, parce que roi: un membre du comité de salut public le sauva. Il présenta comme une niche à faire à la royauté la suppression de la pompeuse inscription en l'honneur de Ludovicus Magnus, et son remplacement par un hommage au Lyonnais Lemot.

Louis XIV ainsi sauvé, après avoir fait vis-à-vis
a Castellane, à Bourbaki, au général Carteret-
Trécourt, au duc d'Auerstædt et au baron Berge,
a assisté à la revue du général Voisin.

Malgré ses six hectares de superficie, Bellecour,
dont la partie sud est occupée en partie par des
jardins, ne peut permettre les défilés classiques.
Cependant les généraux gouverneurs, dont l'hôtel
est à cinquante pas de là, tiennent à cette place
d'armes comme à la prunelle de leurs yeux. Ils
ne tolèrent pas qu'on l'occupe, ils ont maintenu
la partie centrale à l'état de vaste désert, au lieu
d'en laisser faire un parc. Évidemment, le coup
d'œil y gagne en beauté. Quand l'immense carré
est rempli d'armes et d'uniformes, il présente un
spectacle vraiment magique. Entre les hautes façades des maisons, tambours, clairons et musiques
se répercutent.

Mais ce n'est pas seulement pour ces raisons
qu'on vient à Bellecour, au lieu de se placer sur
les quais ou à Perrache. Les mauvaises langues
de la garnison attribuent cette affection à la bande
de bitume qui va de la rue Victor-Hugo à la statue de Louis XIV, et dont la direction est absolument perpendiculaire à celle des compagnies
lorsqu'elles ont achevé leur mouvement.

Le gouverneur militaire se place donc face au grand roi, sur la ligne bitumée coupant la partie sablée. Dès qu'une file se présente, crac ! elle est mathématiquement jugée. Tout le monde le sait dans la garnison, cependant il est bien rare qu'il n'y ait pas trois ou quatre pas de différence entre le pivot et l'aile, à cause du mouvement de conversion. Maudite bande de bitume ! combien de cauchemars a-t-elle infligés aux chefs de section !

Naturellement, ces belles troupes lyonnaises, incessamment entraînées, sont fort admirées, mais le grand succès n'est pas pour l'infanterie, de si martiale allure, ni pour les chasseurs, dont les chevaux s'emballent, grisés, ni pour les cuirassiers, admirables sous leur armure, ni pour le général de Lignières, célèbre écuyer de Saumur, un des maîtres de la cavalerie, devenu commandant de la division indépendante de Lyon, ni même pour les plumes blanches du gouverneur. Le plus admiré dans cette petite armée c'est un simple sous-officier, haut comme une botte, et pourtant tambour-major du 157°.

Mais quel tambour-major !

Il a gardé toutes les traditions, celui-là ; il tient sa canne comme un sceptre et, quand il daigne s'en servir, c'est pour la jeter à huit ou dix mètres en l'air et la ressaisir en se tournant devant ses tapins. Il ne la jetterait pas pour vous ou pour moi ; le premier jet, si j'ose m'exprimer ainsi, est pour la plus haute autorité présente. Le public le sait, il suit haletant la marche du 157°; quand il est à la hauteur du gouverneur de Lyon, personne ne respire plus. Et la canne bondit, tourbillonne, retombe, est ressaisie, un immense applaudissement éclate.

Le tambour-major passe fier ; cette fois, il lance moins haut son bâton. Le régiment, heureux de posséder un tel artiste, défile avec une crânerie admirable ; il déboîte, se forme en colonne dans la rue de l'Hôtel-de-Ville et regagne les lointains parages de Vaise, suivi par des nuées de gamins parmi lesquels les marmitons dominent. On ne voit pas tous les jours un semblable tambour-major !

Les troupes s'en vont ainsi à tous les points de l'horizon, dans les casernes lointaines. Suivons-les jusqu'à leurs quartiers, elles nous ferons pénétrer dans la vie militaire de Lyon. L'infanterie a les forts, surtout le fort Lamothe, vieux château flanqué de tours, près duquel d'immenses casernes ont été édifiées. La cavalerie, l'artillerie à cheval, le train ont la Part-Dieu, la plus vaste caserne de France, que le général de Lignières s'est efforcé d'égayer en transformant une partie de la cour en parterre de rosiers.

Cette caserne de la Part-Dieu est aux confins de la Guillotière, ouvrant sur la rue Garibaldi, longue de trois kilomètres, et, dans cette partie, bordée de basses et odieuses maisons de terre battue ou pisé. La caserne est ancienne déjà, mais le site est resté le même. Les maisons sont toutes des cabarets aux noms symboliques. Les *Lauriers d'or*, les *Songes-d'Or*, la *Brasserie du Savoir* (?), le *café Franco-Russe*, appellent le client en culotte garance, même la mère la Pipe est toujours là.

La mère la Pipe est une institution. Un mien ami, capitaine, à la veille de passer chef d'escadrons, m'a assuré qu'au temps lointain où il était brigadier à la Part-Dieu, la mère la Pipe était déjà bien vieille. Nul ne se souvient d'avoir vu cette femme un peu plus accorte ; aujourd'hui cassée, usée, elle vit encore en face de la caserne où elle aurait eu des admirateurs au temps des lanciers et des carabiniers. Sans cesse la pipe à la bouche, elle fait signe aux officiers et aux soldats pour leur dire qu'elle n'a plus de tabac.

Alors une tradition s'est établie. Chaque matin la mère la Pipe va au poste où le maréchal des logis de garde lui remet une pipe de tabac au nom de la division de cavalerie. C'est un tribut scrupuleusement exigé, régulièrement payé.

A la Part-Dieu, la première curiosité que l'on m'a montrée fut la perception de cet impôt que l'on doit faire à la Société contre l'abus du tabac; la seconde a été le départ du tramway-ambulance.

C'est une particularité de la garnison de Lyon : la ville est fort étendue, la manutention, par exemple, est à une lieue de la Part-Dieu, à cinq kilomètres du fort Lamothe, de même l'hôpital militaire est à une distance énorme de certaines casernes. Bien plus loin encore, à huit ou neuf kilomètres, sont les immenses magasins de l'artillerie et du train. Pour aller chercher les vivres ou conduire des malades à l'hôpital, chaque régiment devait employer de nombreux hommes de corvée soustraits au service pendant plusieurs heures. En outre, les malades étaient fort mal dans les voitures d'ambulance secouées sur le pavé.

Le baron Berge, frappé de ces inconvénients, frappé d'autre part de la facilité des communications dans les parties basses de la ville où les lignes de tramways sont nombreuses, eut l'idée d'utiliser les rails. Sur son indication, on construisit des fourgons pouvant circuler sur les voies; la Part-Dieu, le fort Lamothe, la manutention, l'hôpital militaire central furent reliés à la voie des tramways par des embranchements.

Pendant la nuit, quand la circulation habituelle s'est ralentie, les fourgons vides courent sur les rails à toute la vitesse de vigoureux chevaux, s'en vont à la manutention où le pain destiné à toute une caserne est d'avance préparé ; de même le sucre, le café, le riz, le sel, etc. Il suffit d'un fourgon et d'un conducteur pour un service qui demandait jadis une centaine d'hommes. A l'arrivée, un officier par régiment procède à la répartition.

De même pour les malades. Aussitôt la visite des médecins terminée, les hommes destinés à l'hôpital sont conduits à la voiture-ambulance ; à neuf heures sonnant, la porte s'ouvre, le tramway file, sans secousses, les hommes les plus gravement atteints étant d'ailleurs placés sur des lits suspendus. Un infirmier venu de l'hôpital remplace toute la corvée qui, dans les autres garnisons, doit accompagner les patients[1].

Le général Berge ne s'en tint pas là. Dans une garnison de cette étendue, le service de place employait un nombre excessif de plantons. Il a radicalement changé de système. Chaque bureau, chaque service, chaque caserne a une boîte où les

---

1. Ce système commence à être appliqué à Paris pour le service de l'hôpital de Vincennes.

plis sont jetés ; des vélocipédistes vont faire la récolte et apportent tout au bureau de la place, où un triage a lieu ; les vélocipédistes s'en vont ensuite de bureau militaire en bureau militaire, ou à l'hôtel des postes faire la distribution. Par ces procédés simples et expéditifs on a supprimé les plantons et les corvées, cette plaie des garnisons.

Aucune autre place de guerre n'est donc plus « dans le train ». Cependant les traditions y sont fortes. Depuis Castellane, le vrai chef est l'officier de place, conservateur des vieilles coutumes et qui joue encore un rôle considérable. C'est un vrai maire du palais qui ne tolère guère les infractions ; aussi Lyon est-il remarquable par la régularité de la tenue militaire ; ce n'est pas ici qu'on tolère la fantaisie.

On n'a guère le temps de la chercher, d'ailleurs, le service de place est très dur ; il faut assurer la garde de nombreux ouvrages et magasins. La ligne des nouveaux forts se développe sur une immense périphérie ; pour quelques-uns, le massif du mont d'Or, par exemple, couvert d'immenses ouvrages, il y a une ascension de plus de 500 mètres à accomplir ; aussi, pendant le mois d'exil passé à ces hauteurs, on ne songe pas volontiers à descendre dans la vallée ; on se borne à des visites aux villages de la montagne, d'ailleurs nombreux et gais, dans un des plus beaux décors de notre France.

Quant au camp de Sathonay, il fut, au temps de Castellane, comparable au camp de Châlons ; il a bien perdu de sa vie. Jadis occupé par de nombreux régiments, il n'a guère aujourd'hui qu'un bataillon d'infanterie et quelques cuirassiers. Mais ce qu'il a perdu en animation, il l'a gagné en fraîcheur. Les belles routes, dites des soldats, tracées par Castellane, ont vu leurs arbres grandir ; de la Saône au Rhône, les rangées de platanes sont superbes, les baraques des officiers disparaissent sous les arbres et les arbustes fleuris. Par contre, la verdure est le moindre ornement des longues rues où s'alignent les baraques de la troupe, devenues aujourd'hui de solides et propres constructions de pierre. Le sol de Sathonay est très ferme, aussi le camp est-il d'une grande propreté ; l'eau du Rhône y monte en abondance, très pure et très fraîche. C'est incomparablement supérieur au camp de Châlons.

Sathonay a de plus que Châlons un paysage superbe : le mont d'Or le domine, les deux fleuves coulent au pied du plateau. Le village, lui-même, serait plus gai que Mourmelon, sans l'abandon dans lequel on a dû laisser une partie des édifices.

La petite garnison du camp n'a pu faire vivre tous les mercantis qui avaient entouré la route de ceinture d'un si joyeux cordon de guinguettes, de chalets peinturlurés, de bicoques pittoresques où l'on vendait tous les objets nécessaires au troupier : cire à astiquer, fil, aiguilles, brosses, patiences, pipes, crayons et plumes. La plupart de ces constructions légères ont disparu ; d'autres s'effondrent lamentablement. Sans les Lyonnais que le chemin de fer amène le dimanche, Sathonay serait en ruine aujourd'hui.

Jadis la messe militaire, dite au milieu du camp, attirait chaque dimanche une foule énorme. C'était d'ailleurs un admirable spectacle, celui de ces milliers d'hommes aux uniformes bariolés : hussards aux dolmans de couleurs diverses ; dragons dont la veste avait des revers rouges, blancs, verts, selon le régiment ; lanciers aux flottantes banderoles ; chasseurs à pied aux plumets retombants, et, dans l'infanterie même, selon la compagnie, des épaulettes ou rouges ou vertes ou jaunes. A un signal donné par le canon, annonçant l'élévation, tout le monde mettait genou à terre. On comprend combien un tel spectacle devait être attrayant pour la population mystique et guerrière du Lyon de ce temps-là, que l'immigration n'avait pas encore pénétrée.

L'abandon de Sathonay tient à des causes diverses, mais surtout à l'absence d'un champ de tir et à l'exiguïté du terrain de manœuvre, trop entouré de cultures. C'est ailleurs qu'on a dû l'installer. Le Grand Camp, vaste plaine située à la porte même de Lyon, a bien un champ de tir, il est suffisamment désert pour qu'on puisse y manœuvrer à l'aise ; mais là encore on n'avait pas l'immense étendue nécessitée par les exigences modernes de l'instruction des troupes. On a dû aller jusqu'à la Valbonne, plaine énorme de graviers et de sables apportés par le Rhône, l'Ain et les glaciers, où l'on a pu tailler en plein drap, faire les tirs à distance et exécuter des manœuvres. La Valbonne est devenue le vrai camp d'instruction de la garnison de Lyon.

Dans une place de guerre aussi vaste, où les régiments sont nombreux, où la population passe pour ardente, il semble qu'on devrait s'attendre à des conflits fréquents entre civils et militaires. Il n'en est rien : nulle part on ne trouve entente plus parfaite ; du haut au bas de l'échelle les relations sont d'une cordialité absolue.

L'éloignement des casernes fait qu'on rencontre peu de soldats au cœur de la ville, presque jamais d'officiers, ceux-ci préférant la tenue civile. La grande ombre de Castellane doit tressaillir de colère si elle peut contempler Lyon sans épaulettes, sans plumets et sans hausse-cols. Si ce n'était l'École de santé militaire, dont les élèves, aux heures de sortie, fréquentent assidûment les rues centrales, on pourrait croire la ville sans garnison.

Pour les officiers, Lyon est un lieu de passage. Les régiments des 13e et 14e corps s'y relèvent de deux en deux ans comme à Paris ; la brigade régionale a toujours une partie de ses bataillons dans les Alpes, au pied du mont Cenis, dans les hautes et froides vallées de Briançon et de Barcelonnette. Le séjour de la grande ville est bien dû ensuite aux braves gens qui ont supporté l'hiver à Jausiers, à Tournoux ou à Lanslebourg. Le titre de « portier des Alpes » donné par Henri IV à Lesdiguières est certes fort glorieux à porter, mais il vient toujours un moment où l'on préfère à l'honneur de garder les glaces et les rochers frontières la vue de la mère la Pipe et les défilés sur la ligne de bitume, entre le gouverneur de Lyon et le cheval de bronze !

L'Exposition elle-même a eu pour résultat d'augmenter l'affection des Lyonnais pour l'armée, par la glorification de leurs mobilisés. Le peintre Poilpot a installé un panorama qui représente deux des scènes les plus émouvantes de l'histoire de Lyon pendant l'année terrible : la bataille de Nuits et la rentrée des mobiles du Rhône à Lyon après le siège de Belfort. Le panorama de Nuits est une page superbe, pleine de vérité et que l'on visite avec ferveur. Les figures représentées sont pour la plupart des portraits frappants. J'en puis parler, car j'étais à Nuits, où j'ai pris part au combat de l'aile gauche à Meuilley, terminé par la retraite de la colonne badoise du général Dagenfeld. Par une sorte d'évocation, nous retrouvons là plus d'une figure oubliée, quelquefois aperçue un seul jour. Ainsi, au premier plan, un jeune capitaine du 57e de marche, à figure énergique, tombe blessé. Je l'avais aperçu, je m'en souviens bien, la veille du combat.

Près de moi, le colonel du 52e d'infanterie regarde avec émotion ce tableau. Dans son regard je retrouve quelque chose de déjà vu. Je m'informe. Cet officier supérieur n'est autre que le colonel Santelli, le blessé de Nuits. Le capitaine Santelli avait alors vingt-huit ans ; il avait été nommé officier de la Légion d'honneur le matin même de la bataille. On manquait de rosette ; il courut à Beaune et fit préparer une rosette par une modiste, voulant, s'il mourait, avoir sa croix d'officier. A peine au feu, il était blessé et le ruban était teint de sang.

On comprend l'émotion du vaillant officier devant la toile où cette page glorieuse de sa carrière est ainsi rappelée. Le capitaine Santelli avait assisté à quarante combats sans avoir reçu une seule égratignure, quand il fut atteint sur le champ de bataille de Nuits !

IV

LA CROIX-ROUSSE ET VAISE

Les quartiers du centre, rues, places et monuments. — Les Terreaux et les musées. — Le Griffon. — Chez les canuts. — La Grand'Côte et les funiculaires. — Les Chartreux. — Serin, Vaise, l'Homme de la Roche et Saint-Paul.

1er mai.

A suivre nos petits soldats vers les quartiers lointains où sont construites leurs casernes, ma visite entre les deux fleuves a été interrompue Revenons à Bellecour, dans l'espèce d'encoignure où aboutissent la rue de la Barre, la rue de la République et la rue de l'Hôtel-de-Ville. C'est le coin le plus vivant de la ville, presque tous les tramways y ont leur tête de ligne où la traversent. Le pont de la Guillotière, longtemps le seul pont du Rhône, le plus fréquenté encore, est voisin, une population de plus de 100,000 habitants l'utilise pour ses relations avec le centre. Les rues de la République et de l'Hôtel-de-Ville sont les artères principales entre les deux fleuves. La première voie, très large, possède les plus beaux magasins, mais les monuments y sont rares, on ne rencontre guère que la façade de l'église de l'Hôtel-Dieu et le beau palais moderne de la Bourse où la chambre de commerce a installé un remarquable musée d'art et d'industrie. Au fond, le théâtre fait face à l'un des côtés de l'hôtel de ville. Sur la rue de la République s'ouvraient des rues étroites, dont les hautes maisons sombres contrastaient avec leurs blanches voisines de la voie principale; elles tombent peu à peu sous le marteau, ainsi le quartier Grôlée, jadis horrible, devient le plus beau de la ville. Si l'on continue jamais la rue de la République jusqu'à la Croix-Rousse, par une voie en pente terminée par la perspective d'un monument, aucune ville ne pourra rivaliser avec Lyon pour la beauté.

L'autre rue parallèle, la rue de l'Hôtel-de-Ville, est moins large, mais c'est encore une majestueuse artère, centre du commerce des tissus en gros : draps, cotonnades, toiles; si elle n'a pas l'animation de sa voisine, elle traverse une des plus belles places, celle des Jacobins, dont les maisons ont grande allure et qui possède une fort belle fontaine monumentale ornée des statues de quatre grands artistes lyonnais : l'architecte Philibert Delorme; le sculpteur Guillaume Couston;

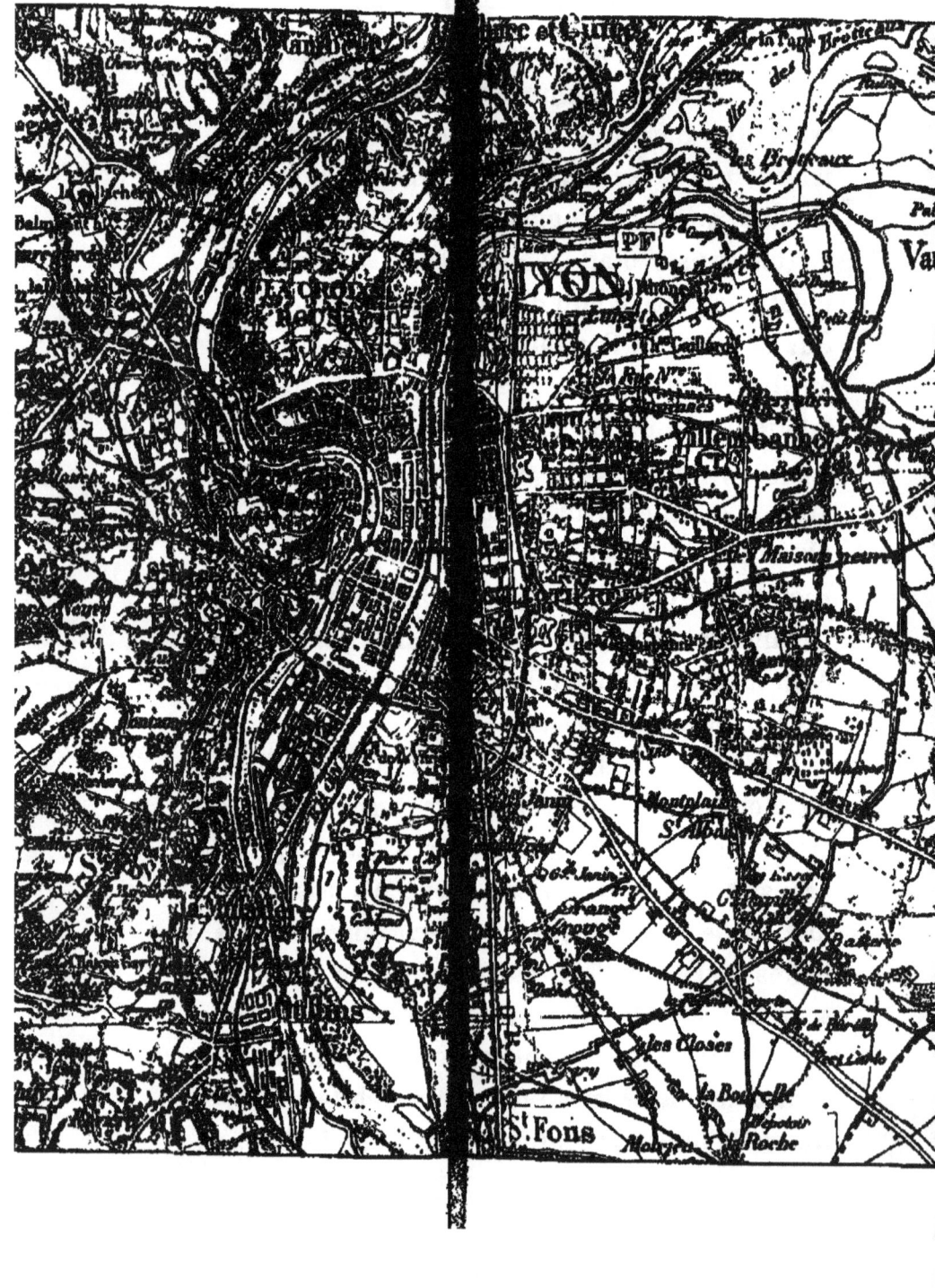

le graveur Gérard Audran et le peintre Hippolyte Flandrin. Cet élégant édicule est l'œuvre de M. André, architecte, auquel on doit encore dans le voisinage le beau théâtre des Célestins. Tout ce quartier est d'ailleurs embelli. Les rues voisines : des Archers, Simon-Maupin, de Gasparin et Grenette ont largement ouvert les massifs noirs des anciennes maisons. Entre la place de l'Hôtel-de-Ville et la Saône, il reste encore des coins sombres avoisinant la rue Mercière, sorte de couloir qui fut une rue fameuse jadis ; même les rues Saint-Dominique, de la Préfecture et Centrale, correctement alignées, bordées de hauts édifices, premiers essais de transformation de Lyon, sont étroites. Là aussi s'ouvrirent les premiers passages couverts. De la place de la République au Rhône est le passage de l'Hôtel-Dieu habité par des bijoutiers ; de la même place à la rue de l'Hôtel-de-Ville et à la rue Centrale ont été percées les galeries dites de l'Argue.

La rue Centrale passe devant l'église Saint-Nizier, première cathédrale de Lyon, édifice gothique de beau style, dont la façade a été dénaturée par un grand portail en cul-de-four. Non loin de là une étroite façade de pierres noircies, percée d'un porche roman et englobée dans les constructions du palais Saint-Pierre est l'entrée d'une des plus anciennes églises de Lyon, consacrée à saint Pierre au xii° siècle. A partir de ce point, la rue Centrale prend le nom de l'Église pour aboutir à la place des Terreaux.

Celle-ci n'est pas la plus vaste de Lyon, mais elle possède les deux édifices civils les plus intéressants : l'hôtel de ville et le musée. Elle tire son nom du comblement, au moyen des terres rapportées ou *terreaux,* du canal qui, sous la domination romaine, reliait le Rhône et la Saône par la base de la colline de la Croix-Rousse. Le monument s'étend de la place des Terreaux à la rue de la Comédie, entre les rues Lafont et Puits-Gaillot ; la première, monumentale et remplie de beaux magasins, la seconde, encore bordée de maisons des siècles passés, remplies des comptoirs de marchands de soie. L'ordonnance générale du monument est fort belle ; avec son beffroi, la statue équestre de Henri IV qui orne la façade, la maison de ville de Lyon est une des plus nobles d'aspect que l'on rencontre en France. Plus élégante, si elle est moins monumentale, est la façade de la place de la Comédie, de belles arcades de pierre rose relient les deux ailes qui servaient jadis de logement au préfet du Rhône.

En face de l'hôtel de ville, sur la place des Terreaux, une maison particulière répond dignement à la majesté du monument municipal. Le passage des Terreaux s'ouvre dans cet édifice, la grande baie est décorée par les statues de Philibert Delorme et de Simon Maupin, ce dernier architecte est l'auteur de l'hôtel de ville. Sur le terre-plein des Terreaux on a installé, en 1892, la belle fontaine de Bartholdi, tant admirée dans la galerie de 30 mètres à l'Exposition de 1889. Ce groupe superbe — en plomb martelé — de quatre chevaux plus grands que nature, guidés par une femme assise sur un char formé d'attributs marins et d'où une cascade s'épanche dans une vasque, a donné un nouveau caractère de grandeur à cette place célèbre où tombèrent les têtes de Cinq-Mars et de Thou, où bat le cœur de la grande cité.

Mais ce qui attire le plus les visiteurs c'est le palais Saint-Pierre, abbaye glorieuse jadis, dont les bâtiments abritent aujourd'hui les musées de peinture, de sculpture et d'archéologie et le muséum d'histoire naturelle. C'est évidemment l'ensemble de collections artistiques le plus considérable de province. Si le musée de Lille, par ses richesses de l'art flamand, lui est supérieur, il est loin de l'égaler pour le nombre des tableaux et la variété des écoles. Le musée épigraphique, enrichi par les fouilles pratiquées dans les ruines romaines de Lyon et de Vienne, est le plus riche de France. De même le musée des Antiques, par ses mosaïques et surtout par les *tables claudiennes*, plaque de bronze contenant le texte du discours que l'empereur Claude prononça au Sénat pour faire admettre dans cette assemblée les représentants de la Gaule chevelue.

La peinture, en si grand honneur à Lyon, possède plusieurs galeries. L'une d'elles renferme les cartons que Chenavard destinait au Panthéon et dont il a fait don à sa ville natale. C'était l'histoire du monde en quarante-trois panneaux, dignes de ce profond penseur et de ce grand artiste. Un autre Lyonnais célèbre, Puvis de Chavannes, a décoré le grand escalier du musée de peinture conduisant aux salles où l'école italienne est représentée par de nombreux chefs-d'œuvre, où les Espagnols ont quelques belles toiles, où Flamands et Hollandais méritent une visite.

L'école française est à peine plus riche, et pourtant la plupart des maîtres du siècle dernier et les modernes y sont représentés. Une autre collection, composée de 354 toiles léguées à la ville par M. Jacques Bernard, forme un musée distinct, riche en œuvres des écoles française, italienne, flamande et hollandaise.

Une galerie spéciale est consacrée aux peintres

lyonnais; parmi ces centaines de toile, beaucoup sont des œuvres de grande valeur. Il suffit de signaler parmi les maîtres les Flandrin, Chenavard, Meissonier, Puvis de Chavannes, Saint-Jean. Aucune autre ville de province ne pourrait s'enorgueillir d'un aussi grand nombre d'artistes, peintres, sculpteurs, graveurs ou dessinateurs — et Lyon passe cependant pour être surtout mercantile.

Au delà des Terreaux commence presque aussitôt la colline de la Croix-Rousse. La première pente, assez douce, est, vers le Rhône, le centre du commerce des soies; une petite rue, la rue du Griffon, débouchant devant le grand théâtre, a donné son nom au quartier; là et dans les voies adjacentes il y a des comptoirs jusqu'aux étages supérieurs. On fait des affaires par millions dans ces étroits bureaux où la lumière est avarement mesurée. Toutefois, près du Rhône, fut construit au siècle dernier un quartier, dont les maisons toujours très hautes, selon la coutume lyonnaise, ont un grand caractère monumental. Cela rappelle avec plus de grandeur et d'ampleur le cours du Chapeau-Rouge à Bordeaux.

L'empereur Joseph II visitant Lyon et parcourant ce quartier, déclarait que les marchands de la ville étaient mieux logés que les princes de son Empire.

La place Tholozan, par laquelle s'ouvre le quartier **Saint-Clair**, est ornée d'une statue de Suchet, le quai voisin est vraiment imposant ; sur l'autre face les maisons du xviii° siècle bordent la rue Royale et un beau square appelé jardin de l'ancien séminaire, là est la gare d'un des funiculaires conduisant à la Croix-Rousse. Ces vastes maisons du quartier Saint-Clair sont, comme le Griffon, des ruches de commerce.

Du côté de la Saône, de petites rues entourent l'école de la Martinière et la place Sathonay où se trouvent la mairie du 1ᵉʳ arrondissement et une statue fort lourde de Jacquart ; de là un grand escalier conduit au Jardin des Plantes, belle promenade en amphithéâtre ornée d'eaux et de fleurs. Le chemin de fer de la Croix-Rousse ou *ficelle*, premier funiculaire construit à Lyon, passe en tunnel sous le Jardin.

A partir d'ici on est en plein quartier de *canuts*, c'est-à-dire de tisseurs. La colline, moraine de glaciers alpestres, est très abrupte, les pentes sont gravies par des rues presque à pic appelées montées ; la Montée Saint-Sébastien et la Montée de la Grand'Côte sont les plus fameuses, la dernière surtout a longtemps incarné la Croix-Rousse, comme, sur la rive droite de la Saône, le Gourguillon incarna la ville primitive. Des voies droites et larges coupent la colline en biais, bordées de maisons ayant jusqu'à huit ou dix étages, parfois plus ; le quatrième ou le cinquième devient rez-de-chaussée sur une autre rue plus élevée. A tous les étages, percés d'une grande quantité de fenêtres, pour avoir plus de lumière, sont installés des métiers d'où vient un tic-tac incessant. Ce bruit produit une impression profonde qu'on ne trouverait en aucune autre ville. Ce travail du canut, c'est le travail familial, c'est le foyer permanent — et non l'usine qui sépare le père, la mère et les enfants — il a fait la grandeur et la force de Lyon, aussi pouvait-on déplorer de le voir disparaître peu à peu au bénéfice des campagnes où se créent des usines. L'électricité et ses applications aux métiers de la Croix-Rousse auront sans doute pour résultat de maintenir sur cette active colline la population de canuts et d'ouvriers vivant des petits métiers qui se rattachent à la fabrique.

La Grand'Côte a bien perdu de son pittoresque depuis que les funiculaires permettent de descendre à Lyon ou d'en remonter pour un ou deux sous. Jadis les tisseurs devaient se rendre au Griffon pour porter les étoffes tissées ou rapporter du travail par cette pente raide. Aujourd'hui, il y a gain de temps et par conséquent d'argent à utiliser les voies ferrées où, de cinq en cinq minutes, les trains, halés par un câble, gravissent la colline en quelques secondes. La foule a donc déserté ces voies en pentes où jamais voiture n'osa s'engager.

La Grand'Côte aboutit au boulevard de la Croix-Rousse, voie majestueuse allant de l'une à l'autre falaise du Rhône et de la Saône et créée sur l'emplacement des anciennes fortifications. Les deux funiculaires aboutissent presque au même point, à côté du fort Saint-Clair, entouré de jardinets ornés de blocs erratiques trouvés sur place. De là on a une vue superbe sur le quartier des Brotteaux, le parc de la Tête-d'Or, le haut Rhône entourant d'innombrables îles, les montagnes du Bugey et la chaîne neigeuse des Alpes. Par des escaliers qui semblent interminables, on peut descendre dans le quartier Saint-Clair.

Au delà du boulevard commence le quartier proprement dit de la Croix-Rousse, ainsi nommé d'une croix en calcaire coquiller rougeâtre qui se dressait sur la place du faubourg et qu'on a renversée après le 4 septembre 1870. C'est une vaste ville, bordée de rues assez larges, mais dont les maisons sans saillies, très hautes, sont percées d'ouvertures nombreuses. Là, plus encore que sur les pentes, battent sans cesse les métiers et sifflent les navettes.

Un des funiculaires aboutit à la gare d'une voie ferrée qui se dirige vers Bourg par le plateau de Dombes et d'où se détache, au camp de Sathonay, la petite ligne de Trévoux. Ce chemin de fer, conçu comme ligne d'intérêt local, est devenu une voie stratégique importante; il permettrait d'amener rapidement dans l'Est la garnison de Lyon.

Non loin de la gare est la mairie de la Croix-Rousse (4ᵉ arrondissement), très élégante et que de belles maisons neuves commencent à entourer. Puis, peu à peu, le boulevard devient solitaire, de vastes emplacements vides avoisinent les Chartreux. Ces grands terrains sont le rendez-vous des joueurs de boules, très fanatiques de cet art particulier. Les Chartreux sont un pensionnat religieux dont l'église possède un dôme superbe. Près de là a été construite l'école normale des filles.

Le boulevard aboutit au-dessus de la Saône, vers les remparts du fort Saint-Jean, assis sur un rocher à pic d'un grand effet pittoresque. D'un côté il se bifurque pour descendre à Vaise par le quartier de Serin, de l'autre il redescend en ville sous le nom de boulevard des Chartreux. Celui-ci est établi sur des falaises, au bord desquelles on a établi un jardin ravissant par sa position exceptionnelle sur ces pentes exposées au midi, abritées des vents du nord par la colline; la température est fort douce, aussi les jardinets suspendus au-dessus de la Saône sont-ils dotés d'une flore quasi-méridionale : il y a notamment des micocouliers superbes, au bord d'un sentier descendant à la rivière.

Les rochers sont reliés par des viaducs. De tous ces points, rochers ou ponts, la vue est fort belle sur la colline de Fourvières, si verte, remplie de couvents et de villas, sur la rivière sillonnée de bateaux, et, au loin, la mer des toits couvrant les quartiers de Bellecour et de Perrache.

Le boulevard devient une rue, dite de l'Annonciade. Là sont les maisons les plus hautes de Lyon, l'une d'elles a, dit-on, plus de fenêtres qu'il n'y a de jours dans l'année. Par la rue de l'Annonciade on retrouve le Jardin des Plantes et la gare inférieure du funiculaire, puis les Terreaux d'où le tramway va nous conduire à Vaise.

Nous repassons au pied de ces beaux rochers des Chartreux sur lesquels nous étions il y a un instant. La rivière est tellement encaissée entre les deux collines qu'il a fallu gagner à la mine l'emplacement des quais ; les maisons, toujours très hautes sur les deux rives, sont plus curieuses sur la rive droite où les édifices privés remontent à quelques centaines d'années. On passe devant une caserne et la manutention, et l'on gagne le pont de la Gare, le dernier pont de Lyon, où nous laisse le tramway à vapeur poursuivant sa route vers Neuville.

Au bout de ce pont suspendu, l'avenue de Paris conduit à la gare de Vaise, la première des stations lyonnaises en venant de Paris. Elle est fort grande, mais ne fait guère qu'un service de banlieue ; les trains rapides ne s'y arrêtent pas.

Le quartier voisin était une commune à part dans la première moitié de ce siècle. Depuis l'annexion il s'est fort amélioré. De longues et larges rues, une belle fontaine, une jolie église, font de ce faubourg, enfermé entre de vertes collines, une sorte de ville distincte entourée d'autres faubourgs où l'industrie est très active. Chantiers de constructions mécaniques, teintureries, fabriques de produits chimiques, fabriques de sparterie, etc., y entretiennent un mouvement considérable. Là aussi est le port principal de la Saône, *gare d'eau* desservie par le chemin de fer où viennent se décharger la plupart des bateaux à destination de Lyon, venant des canaux de la Saône et du Doubs.

Il ne faut chercher à Vaise ni monuments ni quartiers opulents. Mais les quais de la Saône sont superbes. Là, dans un beau site, est l'école vétérinaire : les bâtiments sont dignes de la ville. Cette école est la première de ce genre fondée en France, elle doit son existence à Bourgelat dont la statue en bronze orne la cour d'honneur. A côté, une vaste excavation dans la colline indique l'emplacement du château de Pierre Scize où furent enfermés notamment de Thou et Cinq-Mars. Le château a été détruit et la roche elle-même enlevée par les carriers, le peu qui en reste est couvert par des batteries modernes.

La colline de Fourvières tombe ici à pic sur le quai, le rocher est masqué par les maisons, sauf en un point où, dans une grotte creusée de main d'homme, est la statue en marbre blanc de Jean Cléberger, un philanthrope du xvi⁰ siècle qui laissa une partie de sa fortune pour doter des jeunes gens. Aujourd'hui encore ce legs est servi. Dans le peuple, Jean Cléberger est appelé le bon Allemand ; quant à sa statue, c'est l'*homme de la Roche*, à cause du rocher qui lui sert de niche. Ce coin, arrangé avec goût, est charmant, la vigne vierge et les clématites tombent en nappe verte du haut du rocher, un petit jardin est dessiné sur le quai.

Plus loin, on rencontre l'église Saint-Paul,

temple roman d'un goût très pur dans les parties anciennes. En face, dans une niche pratiquée sous la terrasse qui supporte la gare Saint-Paul, est la statue de Gerson, auteur de l'*Imitation de Jésus-Christ,* et qui vint mourir à Lyon.

La gare Saint-Paul est à la tête du chemin de fer de Montbrison, mais elle donne aux Lyonnais le moyen d'atteindre directement Clermont-Ferrand. Des « trains légers » vont à Villefranche sur la ligne de Paris et à Tarare sur la ligne de Roanne. La gare Saint-Paul est la plus centrale de Lyon, en cinq minutes on atteint la place des Terreaux.

Autour de la gare sont les quartiers du vieux Lyon dont j'ai parlé précédemment, où sont cachées tant de merveilles architecturales que le Lyonnais, et plus encore le touriste, ne soupçonnent guère.

V

DU GOURGUILLON AU MONT D'OR

Le sirocco. — Marchés des quais. — Les pieds humides. — La cathédrale. — Le Gourguillon et Sainte-Foy. — Les aqueducs de Beaunant. — Charbonnières. — Rochecardon. — Saint-Cyr. — Le mont d'Or. — Le mont Cindre. — Un roman du doux Ballanche. — Le mont Thou. — Le mont Verdun et sa forteresse. — Le vallon de Poleymieux. — Le roman d'Ampère.

5 mai.

Le ciel est très pur ce matin; vers cinq heures, un vent chaud agite les marronniers de Bellecour; ce sont les dernières effluves du sirocco adouci en passant sur la Méditerranée. Par ce vent du Midi, les Alpes apparaissent dans toute leur splendeur; elles doivent être bien belles aujourd'hui des hauteurs de Fourvières et de Saint-Irénée.

Aucun projet bien arrêté ne me retient en ville, je vais en profiter pour revoir les belles campagnes de Sainte-Foy et de Charbonnières; je pousserai, s'il n'est pas trop tard, jusqu'au mont d'Or.

En route donc, le funiculaire de Fourvières ne fonctionne pas encore, je grimperai à pied par les rues étroites et les montées ombreuses. Ils sont exquis les matins lyonnais, exquis et pittoresques à la fois ; alors que la ville est encore endormie à l'intérieur, les quais de la Saône présentent une animation extrême. Les marchés couverts n'ont pu l'emporter sur les vieilles coutumes ; de tout temps les paysans sont venus installer sur les quais les étalages de légumes, de fruits et de laitage. Les quais Saint-Antoine et des Célestins sont envahis : fromages blancs ou *tomes* du Dauphiné, dont se délectent les canuts de la Croix-Rousse et nombre de gens des bas quartiers, fromages : *rougerets* du Mâconnais, *mont-d'or, tête de moine* de l'est, *fromage bleu* de Gex et de Septmoncel, *saint-marcellin, rigottes* de Condrieu entourées de feuilles, sont installés dans des paniers ou sur des éventaires mobiles ; poulardes de Bresse, dindons de Crémieu, canards de Dombes se mêlent aux beurres de la vallée de la Saône : Ampuis et Condrieu ont envoyé des pyramides de cerises et d'abricots, le cresson de l'Ozon, les légumes de la Guillotière, les melons de Décines arrivent sans cesse. A peine installés, les maraîchers se précipitent aux kiosques où l'on sert du café au lait et des liqueurs et que l'on a baptisés du nom de *buvettes des pieds humides* ; ailleurs des restaurants improvisés, établis à l'entrée des escaliers, débitent la soupe. Et c'est pendant plus d'un quart de lieue, sur chaque rive, un bruit confus et joyeux que les moineaux des arbres s'efforcent en vain de couvrir par leur pépiement.

La rivière n'a pas encore repris son animation, les bateaux-mouches sont amarrés aux pontons de Perrache, mais déjà un toueur remonte péniblement, en se halant sur sa chaîne, une longue file de chalands ; au pont du Change un *Parisien* chauffe, prêt à partir pour Mâcon et Chalon. Au fond les flèches de Saint-Nizier et l'énorme amphithéâtre de la côte Saint-Sébastien couverte de maisons gigantesques, le dôme des Chartreux, la falaise de Serin couronnée par les arbres verts de la promenade.

Au delà du pont Tilsitt, ce large panorama citadin disparaît, voici l'archevêché aux proportions heureuses, dont la tourelle d'angle a une si fine et élégante silhouette. Des tours basses de la cathédrale s'échappent des sons de cloche. C'est l'angélus. Au coin de l'avenue, contrastant avec des maisons monumentales, voici la « Manécanterie » ou maison des Chantres, un des plus curieux morceaux de l'architecture romane ; c'est une façade du xie siècle, dont les arcatures sont décorées d'incrustations rouges, semblables à celles d'Ainay. L'humble mais précieux édifice est à côté de la cathédrale, dont la façade gothique admirablement fouillée serait belle sans les tours tronquées qui la flanquent, mais, si basses, elles alourdissent les heureuses proportions des trois porches.

L'église est vide, deux ou trois vieilles dames accompagnées de leurs servantes y pénètrent et, trottant menu, vont dans une des chapelles entendre la messe. Elles semblent perdues dans le vaste vaisseau, où ne vient qu'une lumière diffuse, par les vitraux de la nef ou la grande rose. La chapelle de Bourbon, œuvre exquise de la Renaissance, reçoit en plein les rayons colorés, tandis que, à gauche du transept, l'horloge astronomique de Nicolas Lippins, rivale de l'horloge de Strasbourg, est encore dans la pénombre.

Le silence est si profond dans la vieille basilique, la lumière est si faible qu'en sortant sur la place on est ébloui par le grand jour et assourdi par les cris des moineaux et les roucoulements des pigeons. Ces oiseaux, avec des frissonnements de joie, se baignent dans la vasque d'une charmante fontaine à coupole, en marbre blanc, ornée d'un groupe de Bonnassieux représentant le baptême du Christ. Autour de la place, des maisons vieillottes et calmes, restes du vieux Lyon, font à l'église un cadre de petite ville du nord.

De là partent des rues de cité monacale, étroites, sinueuses et sombres; l'une d'elles conduit à l'église Saint-Georges, dont la haute et grêle flèche, placée en face d'une passerelle légère, au pied d'une haute falaise couronnée par le séminaire, est un des motifs les plus heureux du paysage lyonnais. Une autre rue amène à la montée du Gourguillon, allée curieuse, entrecoupée de marches où, pendant longtemps, s'est conservé le parler spécial de Lyon, cet accent goguenard et traînant à la fois dont les théâtres de Guignol conservent pieusement la tradition. Le Gourguillon est, avec plus d'originalité et de saveur, ce que furent pour Paris la place Maubert et la rue Mouffetard. De palier en escalier, entre des maisons très simples et des jardins, on monte ainsi jusqu'à la place des Minimes, ornée de squares, sur l'emplacement qui fut le cœur de la ville romaine.

A la place des Minimes aboutissent deux longues rues montantes, un peu délaissées depuis qu'un funiculaire escalade la colline, mais parfois les processions de pèlerins s'y déroulent encore, ce sont le chemin Neuf et la montée Saint-Barthélemy.

Le chemin Neuf ! J'ai passé là des heures inoubliables, en compagnie du vénérable et excellent peintre Guichard, auquel on doit les fresques de Saint-Germain-l'Auxerrois, à Paris, et qui était revenu dans sa ville natale pour diriger l'école des Beaux-Arts.

A mes débuts dans la presse, j'étais l'humble collaborateur du vieux maître qui écrivait au *Courrier de Lyon* de savoureux articles sur les beaux-arts. Parfois je l'accompagnais au chemin Neuf ; il habitait, à mi-côte, une maison bordée d'une terrasse d'où il voyait toute la ville, la plaine et les Alpes. Chaque été Chenavard descendait chez lui ; là venaient parfois Victor de Laprade, Joséphin Soulary, d'autres amis que n'effrayaient pas l'ascension. Et tous formaient autour de Chenavard un cercle d'admirateurs étonnés par la parole colorée et pittoresque de ce conteur admirable et de ce profond penseur.

Guichard n'est plus, ses amis ont disparu aussi.

Le Gourguillon se confond maintenant avec la rue de l'Antiquaille ; on passe devant l'église de Saint-Just pour franchir l'enceinte fortifiée et atteindre le quartier Saint-Irénée où sont les restes les plus considérables de la ville romaine, débris très apparents et très majestueux d'aqueducs mêlés aux remparts et aux forts ; sur la place de Choulans, au milieu d'un square, cinq tombeaux trouvés dans la nécropole de *Trivium*, dont le nom s'est conservé dans celui du quartier de Trion, ont été édifiés.

Le tramway électrique de Sainte-Foy s'arrête sur la place ; je monte sur la plate-forme pour gagner quelques minutes. Le train se met en marche, sans secousse, par la sinueuse montée de Choulans bordée de beaux arbres et, bientôt, gagne la route de Sainte-Foy.

Cette route est la corniche lyonnaise ; à elle seule elle vaudrait un voyage à Lyon. Elle coupe en écharpe la haute colline au pied de laquelle le Rhône et la Saône mêlent leurs eaux, collines couvertes de parcs et de villas. Naturellement, ces parcs sont entourés de murs ; la rangée continue de ces obstacles ne permettait aucune vue sur le paysage, la municipalité de Sainte-Foy a obtenu que toutes ces murailles seraient remplacées par des grilles ; aujourd'hui, à travers les barreaux, à peine interrompus par de rares maisons en façade, on découvre en montant une vue immense. Le chemin bordé de platanes suit toutes les sinuosités de la colline, découvrant à chaque contour des horizons nouveaux.

La base du tableau est formée par le confluent du Rhône et de la Saône, la limite est dessinée par les belles croupes du Pilat et les lignes blanches des Alpes. Aujourd'hui, ces montagnes se détachent avec un relief saisissant, leurs ravins se creusent, les pics noirs surgissent, les glaces d'un bleu pâle se découpent dans la blancheur des névés. A leur pied, en terrasses, se dégradent peu à peu jusqu'aux collines des Terres Froides, les Alpes de Belledonne, la Chartreuse, le promontoire admirablement découpé de l'Échaillon. Plus près, des villes et des villages parsèment la plaine et les coteaux. Tout ce panorama se déroule aux yeux pendant que les wagons du tramway montent sans heurt et sans bruit la pente douce de l'avenue, entre les villas, les châteaux, les parcs, les vergers et les vignes.

Brusquement l'enchantement cesse. Voici Sainte-Foy et son église romane, d'origine moderne, mais dont l'architecte s'est heureusement inspiré des ruines antiques du voisinage.

Sainte-Foy, malgré son rang de commune peuplée de 3,000 habitants, n'est en somme qu'un faubourg de Lyon comme les trois gros centres de la Mulatière, Oullins et Pierre-Bénite, qui groupent leurs maisons en aval du confluent du Rhône et de la Saône, coupés en deux parties par le torrent d'Yzeron. Ces communes industrielles sont fort actives, leurs 15,000 habitants sont occupés dans les vastes ateliers du chemin de fer, les usines métallurgiques, les tanneries, les fabriques de produits chimiques et les verreries. De la terrasse de Sainte-Foy, ces faubourgs ont l'aspect d'une véritable ville.

Un chemin traversant de beaux parcs et offrant des vues superbes sur les monts du Lyonnais, descend de Sainte-Foy à la vallée de l'Yzeron, près des aqueducs de Bonnand ou de Beaunnant, qui amenaient à Lugdunum les eaux du mont Pilat. De cet admirable ouvrage il reste 16 arcades, sur les pentes ou au fond des vallées du Garon et de l'Yzeron; la partie la plus belle est celle qui traverse le riant vallon de cette dernière rivière. Les arceaux, aux belles proportions, demeurés debout, dominent de 20 mètres le lit de la petite rivière. Le site est fort beau et a inspiré bien des paysagistes lyonnais. Le val tout entier est d'ailleurs exquis; des bois et des prés font de Francheville, joli village voisin, un des lieux favoris de promenade pour les Lyonnais. Près de Francheville, l'Yzeron reçoit le ruisseau de Charbonnières qui lui impose désormais sa direction, car la rivière venant de l'ouest tourne brusquement à l'est. Plus haut, le chemin de fer de Mornant traverse de belles campagnes très vertes, mais où tous les chemins tendent à se transformer en rues; Tassin, la Demi-Lune, Écully, sont de plus en plus entraînés dans l'orbite de Lyon, dont ils feront bientôt partie intégrante. Il y a là près de 10,000 habitants.

L'absorption de cette riante banlieue est inévitable, car deux chemins de fer y amènent rapidement; on peut le déplorer, le paysage est charmant ainsi, il rappelle avec plus de grandeur les environs de Sèvres; même le vallon de Charbonnières a parfois les allures d'un véritable ravin de montagne, avec ses beaux arbres, ses murmures d'eau et ses rochers moussus. Le dimanche, il est envahi par la foule. Charbonnières a la chance de posséder une source ferrugineuse et de frais ombrages, un casino y attire les gens de plaisir et le chemin de fer qui le dessert aboutit à la gare Saint-Paul, au cœur de Lyon; le Lyonnais, très amateur de campagne et de pique-nique sur l'herbe ou dans les bois, a fait du village son rendez-vous favori.

La semaine, le site est plus calme. Sauf quelques touristes et baigneurs, je croise peu de monde dans les sentiers du bois de l'Étoile. Un chemin me conduit au ravin d'Écully, très vert et frais lui aussi, puis dans le riant village de ce nom, d'où je veux gagner Rochecardon.

Rochecardon n'est pas un village. C'est Rochecardon, telle serait la réponse de tout Lyonnais à qui l'on demanderait une description sommaire. Imaginez un ravin très profond, très vert et sinueux, gardé à son entrée par un petit château que domine une jolie tour hexagonale. Ce château abrita quelque temps Jean-Jacques Rousseau ; non le jeune homme enthousiaste et enchanté qui avait passé une si heureuse nuit à la belle étoile dans une niche du quai des Étroits, mais le vieillard aigri, désabusé, se croyant en butte à la méchanceté des hommes, tel qu'il était en 1770 lorsque son amie, Mme du Boy, lui donna l'hospitalité. Ce vallon, aujourd'hui encore de romantique aspect, vu de la belle route qui le parcourt, devait alors être quelque peu sauvage et plaire au grand misanthrope. Le chemin, toujours verdoyant, monte jusqu'à un carrefour, la Croix-des-Ormes, commandant de haut les bâtiments du petit lycée de Saint-Rambert et la vallée profonde et luxuriante de la Saône. Là mourut Louisa Siéfert, une femme poète, qui adorait ce coin de pays. Le mont d'Or, où nous avons pris pied, est du reste rempli de souvenirs littéraires ; tout à l'heure nous y trouverons Ballanche et Ampère.

Des Ormes à Saint-Cyr on continue de monter, par une belle campagne où se pressent les villas, entre les vignobles, les champs de fraisiers, de groseillers et de framboisiers. Peu à peu les maisons se serrent, le chemin devient un gros village très opulent d'où l'on a une vue superbe. Mais plus haut encore on va chercher un observatoire : au-dessus de Saint-Cyr, un promontoire calcaire, au flanc couvert de vignobles, puis de pâturages, se dresse brusquement. C'est le mont Ceindre, le premier éperon du mont d'Or, le moins élevé de tous, il atteint 467 mètres au-dessus de la mer, 300 mètres au-dessus de la Saône ; les pentes en sont raides, le sentier est rocailleux, il faut plus d'une demi-heure pour arriver à la plate-forme. La vue est sublime d'ici, elle avait attiré, il y a tantôt 600 ans, un ermite qui s'y était créé un asile ; il eut des successeurs jusqu'à notre siècle. Aujourd'hui les ermites ont disparu, nul n'a voulu reprendre le rôle du pieux personnage, le voisinage des guinguettes où, le dimanche, la jeunesse lyonnaise vient s'ébattre, a sans doute effrayé les postulants. Le plateau est couvert d'une herbe rase émaillée de campanules d'un bleu pâle, à la tige frêle, parmi lesquelles paissent et gambadent de jolies chèvres dont le lait mêlé à celui des vaches produit les fromages du mont d'Or.

D'ici, la vue n'est pas plus belle que de Sainte-

Foy ou de Fourvières, car une partie de la ville est masquée par les collines, mais elle est plus intime, plus riante sur la vallée où la Saône coule paresseusement, large et calme, semée d'îles semblables à des corbeilles de verdure. Les pentes de la montagne sont d'une opulence extrême ; de gros villages : Collonges, Saint-Cyr, Saint-Didier, des hameaux sans nombre se dressent dans les vignes et les vergers.

L'ermitage est sans caractère, mais, par son insignifiance même, il donne plus de grandeur au paysage. Le doux Ballanche le ressentait lors d'une idylle à peine ébauchée que raconte discrètement Sainte-Beuve, quand il écrivait sur les murs de l'humble édifice : « Cet ermitage rappelle assez bien les destinées humaines ; resserré dans des bornes étroites, on y jouit d'une étendue immense. »

L'étendue immense, je l'aurai mieux encore de plus haut, des autres cimes de la montagne, si je puis y atteindre, car on a chassé le promeneur de ces sommets en les couvrant de forts et de batteries. A mille mètres au nord de l'ermitage, un peu en dessous, une batterie couvre le mamelon de la Fréta d'où la vue plonge, si profonde, sur le vallon tranquille de Saint-Romain au mont d'Or, au flanc creusé de carrières. Là haut, à 612 mètres, sur un pic jadis aigu surmonté d'une croix, la batterie du mont Thou s'est lourdement assise. Je monte cependant par des chemins rocailleux, bordés de murs en pierre sèche, jusqu'à la base de la montagne d'où, entre les broussailles, on peut gagner et contourner les talus de la batterie jusqu'à la Croix.

Ici, on est au centre du massif du mont d'Or, la partie la plus caractéristique du paysage lyonnais. C'est, pour Lyon, ce qu'est le mont Valérien pour Paris, mais un mont Valérien dont le plus haut sommet, au Verdun, atteint 625 mètres, c'est-à-dire 460 mètres au-dessus de la Saône. La montagne, superbe de forme, de couleur et d'élégance, dresse d'un seul jet entre l'Azergues et la Saône sa masse calcaire. Sa base rencontre les roches cristallines aux abords de Lyon. Découpée par de nombreux ravins, très boisés, arrosée par des ruisseaux clairs, tantôt couverte de maisons, tantôt blonde de moissons, tantôt verte de vigne ; ici sauvage, là joyeuse, elle mérite l'admiration dont elle est l'objet.

Le mont Thou est séparé du mont Verdun par une dépression profonde où l'on descend par une pente herbeuse. On se trouve alors dans une région absolument déserte, dominée par les batteries : mont Thou, Narcel, les Carrières et la citadelle du mont Verdun. Un chemin stratégique venant de Saint-Didier au mont d'Or monte sur les flancs nus de croupes rocheuses. De lacets en lacets, on atteint enfin le mont Verdun.

Hélas, le fort est là : les sentinelles empêchent jalousement de stationner et même de faire le tour des talus. Au passage seulement on peut admirer les verdoyantes profondeurs de la vallée d'Azergues, les hautes montagnes régulières des monts du Beaujolais, les *crêts* du lyonnais, de formes plus variées; de l'autre côté, le plateau de Dombes, semé d'étangs, et l'énorme chaîne des Alpes.

Le mont Verdun et ses annexes sont la clé de la défense de Lyon. Le mont d'Or tout entier est devenu une citadelle qui protège Lyon contre un mouvement tournant de l'ennemi parvenu sur la rive droite de la Saône. Les énormes canons de ces forts commandent les vallées de l'Azergues et de la Saône, toute l'immense plaine d'Anse, et par-dessus la vallée, vont croiser leurs feux avec ceux du plateau de Dombes, qu'ils dominent de plus de 300 mètres. Dans ce camp retranché de Lyon dont il fait partie et qui a un développement de plus de 60 kilomètres, le mont d'Or forme à lui seul un camp retranché très puissant; son attaque nécessiterait une armée entière. On ne la réduirait pas sans peine, cette forteresse dont les talus d'escarpe sont des pentes raides ou à pic de 300 mètres de hauteur.

Du mont Verdun un chemin conduit à Poleymieux, village bâti dans le plus large vallon de la montagne. Cette vallée de Poleymieux est le rendez-vous des peintres et des botanistes. Elle mérite leur visite : nulle part la nature lyonnaise ne s'est faite plus aimable que dans ce pli de montagne rempli de prairies, de hêtraies, de beaux vignobles, de noyers énormes. Un clair ruisseau, des roches chaudement colorées ajoutent au charme de ce site. De grosses maisons de campagne, mi-fermes, mi-villas, entourent le village. Dans une de ces maisons naquit André-Marie Ampère. Sainte-Beuve nous le montre passant sa jeunesse dans ce pays alors « sauvage », montueux, séparé des routes. Celui qui devait être un des plus illustres entre les savants illustres vécut sa jeunesse à Poleymieux ; le petit roman qui amena son mariage s'y déroula. Un journal qu'il tenait alors (1797) raconte ainsi une visite de Julie Carron, qui devait être sa femme, et de sa sœur :

> Elles vinrent enfin nous voir à trois heures trois quarts. Nous fûmes dans l'allée, où je montai sur le grand cerisier, d'où je jetai des cerises à Julie. Élise et

ma sœur, tout le monde vint. Ensuite je cédai ma place à François, qui nous baissa des branches où nous cueillîmes nous-mêmes, ce qui amusa beaucoup Julie. On apporta le goûter : elle s'assit sur une planche à terre, avec ma sœur Élise, et je me mis sur l'herbe à côté d'elle. Je mangeai des cerises qui avaient été sur ses genoux. Nous fûmes tous les quatre au grand jardin où elle accepta un lis de ma main. Nous allâmes ensuite voir le ruisseau ; je lui donnai la main pour sauter le petit mur, et les deux mains pour le remonter. Je m'étais assis à côté d'elle au bord du ruisseau, loin d'Élise et de ma sœur ; nous les accompagnâmes le soir jusqu'au moulin à vent où je m'assis encore à côté d'elle pour observer, nous quatre, le coucher du soleil qui dorait ses habits d'une lumière charmante. Elle emporta un second lis que je lui donnai, en passant pour s'en aller dans le grand jardin.

Le moulin à vent n'est plus, mais les cerisiers de Poleymieux fleurissent toujours et se couvrent au printemps de leurs fruits de corail. Le chemin sauvage où montait Ampère pour se rendre à Poleymieux est devenu une route blanche courant sous les noyers, au bord du petit ruisseau qui murmure dans les prés jusqu'au riant village de Curis, où ses eaux frissonnantes et fraîches gagnent le large bassin de la Saône.

Le paysage a complètement changé ; la belle rivière s'étale entre des rives basses jusqu'à la colline supportant les ruines féodales de Trévoux. De l'autre côté, une petite ville de riant aspect, avec de beaux quais bordés d'arbres, aligne ses maisons. C'est Neuville-sur-Saône, chef-lieu de canton et succursale de l'industrie lyonnaise. C'est aussi un lieu de rendez-vous pour les promeneurs de la grande ville; deux chemins de fer, une ligne de tramways à vapeur, les bateaux à vapeur font de Neuville une sorte de faubourg de Lyon. Du reste, jusqu'à cette ville les deux rives de la Saône sont bordées de villages qui prolongent Vaise et Serin.

J'ai la chance de me trouver au passage du *Parisien* qui descend de Chalon et de pouvoir prendre place à bord. Avec quelle joie vois-je défiler le paysage aimé, depuis si longtemps perdu. Voici Albigny dont le nom vient, dit-on, d'Albinus, le compétiteur de Septime Sévère, battu ici même dans une des plus grandes batailles de l'antiquité; le village est gai, dans un beau site. Plus loin, Fleurieu-sur-Saône, charmant encore malgré ses usines, puis Couzon, au pied du mont d'Or, dont les pentes exploitées en carrières sont devenues de formidables falaises, en face Rochetaillée ; plus loin la petite ville de Fontaine, centre industriel, et les îles de Roy, longues, vertes, idyllignes. La vallée se resserre, les châteaux, les villas, les parcs se multiplient, deviennent plus nombreux encore au delà des ponts de Collonges. Entre les collines très hautes, la Saône, animée par les équipes de canotiers, par la gaîté de ses rives, la splendeur de leurs ombrages fait un dernier détour; de ses eaux surgit un rocher couvert de verdure, où des ruines tapissées de lierre et de clématites couronnent le sommet. Une tour romane, des débris de forteresse apparaissent dans les arbres, se mirent dans l'eau calme. C'est l'île Barbe, rocher de 550 mètres de longueur sur un peu plus de 100 mètres de large.

L'île Barbe est la perle de la banlieue lyonnaise. La moitié de l'île est un mail planté d'arbres énormes où se tiennent des fêtes célèbres, les *vogues*, qui attirent une foule immense, les lundis de Pâques et de Pentecôte. L'autre partie est un petit hameau, de cinq à six maisons, bâti au milieu des pittoresques débris d'une abbaye. A la pointe du nord se dresse sur le rocher le vieux château féodal devenu une caserne, puis le bureau de recrutement pour cette partie du département du Rhône. Je ne revois jamais sans émotion cet îlot pittoresque où, pendant la guerre de 1870, le corps dont je faisais partie fut réorganisé après la défense de Dijon et d'où nous repartîmes pour la campagne de l'Est, si brillante au début et terminée par une si terrible catastrophe[1].

Pendant que je parcours de nouveau l'île, aujourd'hui verte et joyeuse, éclairée par les derniers rayons du soleil couchant, le *Parisien* est sorti de l'écluse et poursuit sa route vers Lyon. Mais il reste encore en dessous du barrage le bateau-mouche, c'est sur ce petit vapeur que j'achève ma route, saluant au passage la tour de la Belle-Allemande dont une légende fait une sorte de château de Barbe-Bleue, ayant appartenu à Jean Cléberger, l'homme de la Roche. Voici les usines fumantes du quartier de l'Industrie, l'église de Serin, les remparts du fort Saint-Jean et le couloir de Pierre Scize, que domine la haute colline de Fourvières. Le bateau me laisse au ponton du quai Saint-Antoine d'où je suis parti ce matin.

---

[1]. Voir *Une armée dans les neiges. Journal d'un franc-tireur de l'armée de l'Est*. Paris, librairie Rouam.

VI

LA PLAINE DU DAUPHINÉ

Une ville d'Amérique. — La Guillotière et les Brotteaux. — Banlieue caillouteuse. — Les vieux châteaux de la plaine. — Une *Crau* lyonnaise. — Les fontaines de l'Ozon. — La culture du cresson.

8 mai.

Si le Lyon primitif, compris entre les deux fleuves et au pied de la colline de Fourvières, s'est transformé par les percées à travers les vieux quartiers, une autre partie, sur la rive gauche du Rhône, est tout entière fille de ce siècle. Il y a cent ans cette vaste plaine couverte de maisons était déserte, sauf au débouché du pont de la Guillotière, par où se faisaient toutes les relations avec le Dauphiné, la Savoie et le Midi.

Là, mais assez loin du quai actuel, s'était créé, sur le territoire dauphinois, un méchant et sordide faubourg dont les maisons de terre battue bordaient les routes de Marseille, de Grenoble et de Chambéry, et les chemins des paroisses rurales. Ce faubourg, dont la Révolution fit une commune du canton de Saint-Symphorien-d'Ozon, dans l'Isère, s'appelait la Guillotière. Annexée à Lyon, elle ne tarda pas à prendre un grand développement, des usines s'y créèrent, mais le quartier, exposé aux inondations, demeura longtemps un des plus laids de la ville, sans intérêt d'aucune sorte. Les travaux entrepris pour endiguer le Rhône permirent de gagner sur le fleuve une bande de terrain qui donna à la Guillotière une façade bientôt couverte de hautes et monumentales maisons ; quelques larges voies furent percées, les odieuses ruelles noires et sales furent frappées d'alignement, les quartiers neufs des Brotteaux prolongèrent leurs immenses rues sur le territoire de la Guillotière, la lône de la Vitriolerie fut comblée et destinée à servir d'assiette aux bâtiments des facultés.

Cependant les progrès restèrent lents : sauf aux abords du pont, il se construisit peu de beaux édifices. Les grandes constructions et les hôtels privés préférèrent s'installer dans les rues longues et droites, disposées en damiers, tracées sur les prairies et les oseraies des Brotteaux[1], où avaient été mitraillés les insurgés pris à la chute de Lyon.

---

1. Le mot brotteaux, particulier aux rives du Rhône, indique un lieu planté d'arbres semi-aquatiques et de joncs, comme il y en a tant au bord des cours d'eau.

En 1774, Morand, architecte de talent, avait construit un pont en bois qui passa jusqu'à sa fin pour un chef-d'œuvre de charpente et devint plus tard la cause du développement des Brotteaux.

L'invention des ponts suspendus, en permettant de multiplier les moyens de communication, donna un nouvel essor au développement de la rive gauche. Les larges avenues reçurent longtemps des maisons basses, en pisé de terre ou de mâchefer; rien de moins monumental alors que cette immense ville de la rive gauche. Mais il vint un moment où la presqu'île ne put contenir le flot toujours grandissant de l'émigration, alors les maisons opulentes sortirent du sol des Brotteaux où l'on avait créé le superbe parc de la Tête-d'Or, qui, s'il n'a pas la grandeur du bois de Boulogne, est plus gai, plus frais et possède un lac vraiment digne de ce nom. Longtemps cette métamorphose se poursuivit, elle se continue encore aujourd'hui, et la Guillotière se transforme à son tour.

Du vieux pont, contemporain des fameux ponts d'Avignon et de Saint-Esprit, aujourd'hui défiguré par les élargissements, réduit en longueur par la création des quais, mais toujours pittoresque, on a une vue superbe sur le cours grandiose du fleuve et les monuments qui le bordent. Aucune autre ville au monde ne peut rivaliser pour la beauté des quais. La pierre de Villebois, extraite en amont, au bord même du fleuve, arrive facilement ; ses blocs étant à pied d'œuvre, on a pu construire de larges bas-ports, élever les murailles, les couronner de parapets. Une double rangée de platanes a formé boulevard, une large chaussée a été tracée. Le Rhône et la Saône ont ainsi vu leurs rives transformées. Les quais couvrent près de 40 kilomètres.

Ceux de la Guillotière comptent parmi les plus beaux, là sont les facultés de droit, de lettres, de médecine et des sciences dont l'aménagement et les dispositions sont sans rivaux. Presque en face, mais en amont du pont, s'étend la façade majestueuse de l'Hôtel-Dieu dominée par un dôme. Ce bel édifice est l'œuvre de Soufflot. Au delà, les quais prolongent leur ligne grandiose, reliés par des ponts où la foule circule sans cesse.

Dans l'intérieur de la Guillotière, il n'y a aucun monument ancien, mais à l'extrémité, sur l'avenue qui accède au superbe pont du Midi, est l'École de santé militaire, digne des facultés voisines[1].

---

1. Sur l'École de santé voir notre volume : *L'Armée et la flotte en 1894. Les manœuvres de Beauce*, illustré par Paul Léonnec. Paris, librairie Berger-Levrault et Cie. 5 fr.

Sur l'avenue de Saxe, on doit construire une nouvelle mairie pour le 3e arrondissement ; enfin la préfecture a été installée sur le cours de la Liberté, dans un hôtel construit et décoré par les artistes lyonnais et dont la construction a fait remplacer par un quartier neuf les bâtisses lugubres du voisinage.

L'avenue Lafayette partant du pont de ce nom qui aboutit à la Bourse sur la rive droite sépare la Guillotière des Brotteaux : c'est une voie magistrale, prolongée jusqu'au cœur de la commune de Villeurbanne. Bien moins vastes que la Guillotière, les Brotteaux, surtout aux abords du Rhône et près de la gare, méritent mieux une visite. Les monuments sont modernes mais assez intéressants ; la belle fontaine de la place Morand, l'église anglicane, le monument des Lyonnais morts pour la patrie, les hôtels particuliers du quai des Brotteaux et de l'avenue de Noailles font du 6e arrondissement un des plus beaux de Lyon.

Au delà du chemin de Genève s'étend une masse confuse de quartiers nés spontanément sur les territoires de Lyon, de Villeurbanne, de Vaulx-en-Velin et de Bron. Ces faubourgs, fils du hasard : Charpennes, Villette, Maisons-Neuves, Montchat, Montplaisir, etc., sont la réserve lyonnaise pour le jour prochain où la Guillotière et les Brotteaux seront insuffisants. Il semble pourtant que l'édilité lyonnaise ne se prépare pas à l'accroissement de la ville vers cette plaine du Dauphiné, qui attire invinciblement la grande cité.

La marche en avant de Lyon vers les libres espaces de l'est est un phénomène inexorable avec lequel il faudrait compter dès aujourd'hui si on ne veut pas voir la métropole future composée d'un amalgame de cités à peine reliées entre elles. Les braves gens qui sont allés créer des « campagnes » au milieu de cet océan de cailloux roulés, n'y regardaient pas de si près. En ces temps, qui semblent lointains, où l'on n'avait pas de tramways, où le voyage de Montchat et des Maisons-Neuves paraissait une expédition, on s'imaginait que l'éloignement, à défaut de verdure, donnait les joies de la campagne. O cette campagne ! Bouts de jardinets remplis de cailloux enrobés dans une terre rougeâtre, enclos de murs en pisé gris, avec, au milieu, une tonnelle de treillage, contre laquelle grimpaient, sans entrain, les haricots rouges et les capucines ! Ceux qui n'ont connu de la banlieue lyonnaise que les ravins profonds, verdoyants, pleins de murmures d'eaux courantes de Rochecardon et d'Écully, ne peuvent imaginer ce qu'étaient alors ces parages mystérieux, sans autre limite que la ligne bleue des monts du Bugey où les blanches cimes des Alpes. Lorsqu'on passait par là, juché sur les diligences de Crémieux ou de Grenoble, les réminiscences de lecture sur l'Afrique affluaient à l'esprit ; on se croyait en plein Sahara, dans ces plaines mornes, que le cri *des grillons* et le vol lourd *des sauterelles,* aux ailes bleues ou rouges, ne pouvaient suffire à animer.

Le paysage n'a guère changé, m'a-t-il paru, quant, à trente ans de distance, j'ai voulu parcourir de nouveau cette Arabie Pétrée des étés lyonnais, ces steppes glacés des hivers, mais il s'est reculé et masqué. Le chemin de fer de l'Est fait vite défiler le paysage pour aller chercher la fraîcheur malsaine des plaines de la Bourbre ou les heureux paysages de Crémieux. Sur les routes, tramways et omnibus courent maintenant entre d'interminables files de maisons qui voilent la plaine. On n'y a rien gagné, la maison lyonnaise de ces parages, avec son crépi gris ou rougeâtre s'écaillant par place et rappelant des taches de lèpre, est d'un pittoresque douteux. J'aimais mieux encore le Sahara de mon enfance, où quatre acacias boules et une treille garnie de volubilis entourant un puits, avaient, dans l'immensité des horizons, l'apparence et la douceur d'une oasis.

Ce paysage étrange, ces terres brûlées, sans arbres, ont donc perdu ce qui en faisait, jadis, le charme ; charme un peu austère, on le comprenait bien le soir seulement, quand la plaine assoupie prenait l'aspect d'un lac rempli d'îles couvertes de maisons. Du haut de la colline de Chandieu, au pied des admirables ruines qui font face à Fourvières, on avait, on a encore, cette sensation. Du sein de la plaine plate et nue surgissent en foule les monticules où des villages entourés de jardins, d'étroites prairies et de vignes tranchent heureusement avec les mornes espaces.

Ce furent jadis autant de domaines féodaux, gardés par des citadelles, dont les débris en disent long sur la sécurité de ces abords de Lyon. Il y aurait un curieux livre à faire avec l'histoire de ces donjons, de ces bourgs entourés de murailles, de ces châteaux flanqués de tours. Mions, Chandieu, Mure, Saint-Priest, Meyzieu, Pusignan, Malatrais, étaient autant de petites places fortes couvrant les îles fertiles surgissant de la plaine caillouteuse du Dauphiné. Ces îlots sont peut-être trop nus eux aussi, les berges de quelques-uns sont plus laides encore que la plaine voisine. Quand l'on vient de ces paysages merveilleux, sans rivaux peut-être au monde, qui avoisinent Pont-de-Beauvoisin, Virieu et Voiron, on comprend le désenchantement d'Arthur Young. Il avait déjà visité une grande partie de la France. Dans ses notes datées du 26 décembre 1789, entre la Tour-du-Pin et la Verpillière, il disait : « Cette entrée — Young venait de Savoie, alors autonome — cette entrée est, sous le rapport de la beauté, la plus avantageuse pour la France. Que l'on vienne d'Espagne, d'Angleterre, des Flandres ou de l'Italie par Antibes, rien n'égale ceci. Le pays est vraiment magnifique, bien planté, bien enclos et paré de maisons et de vignes. » Ce tableau est gâté par la description des maisons, huttes de terre couvertes en chaume, sans cheminée, avec des fenêtres sans vitres. Mais l'ensemble parut délicieux au voyageur anglais. Même des environs de la Verpillière, il dit que c'est accidenté, « très beau, bien planté, parsemé de fermes et de chaumières. »

Aux abords de Lyon, le lyrisme de Young tombe. « Changement soudain, dit-il, la campagne, l'une des plus belles de France, devient plate et *sombre*. »

Pourquoi sombre ? Peut-être à cause du misérable aspect de cette petite Crau, non moins dénudée que la Crau arlésienne.

Depuis ces cent années qui ont vu transformer tant de régions désolées, Landes ou Sologne, partie de Crau ou Dombes, la plaine lyonnaise a

conservé sa tristesse. L'opulente cité confine à
ces vastes terres, belles au printemps, quand ondulent les moissons et fleurissent les prairies artificielles, mais d'une laideur si absolue quand les
blés sont rentrés.

Et, pourtant, quelle merveilleuse banlieue de
prairies et de cultures irriguées on pourrait faire
à Lyon ; en allant chercher dans le haut Rhône
ou l'Ain les eaux nécessaires à arroser ces terres
perméables sans eaux courantes, il y aurait là une
transformation semblable à celle du Comtat et de
la Provence par les eaux de la Durance et de la
Sorgues. L'eau, pour ces plaines de diluvium, est
un élément de fertilité merveilleuse ; partout où
l'on a essayé l'irrigation, du pied des collines de
la Verpillière au vallon de l'Ozon, des prairies
superbes et des cultures permanentes sont nées.

Une telle transformation serait non seulement
précieuse pour l'aspect des abords de la ville, elle
aurait le grand avantage d'atténuer ses étés parfois excessifs et ses hivers trop rigoureux. Sur
cet espace nu, prompt à se réchauffer et à se refroidir, les phénomènes météorologiques ont une
acuité excessive. Avec des prairies et des arbres,
le sol s'échaufferait moins rapidement et perdrait
moins vite son calorique.

Ce qui rend la plaine plus triste encore,

c'est le contraste avec les petits vallons ouverts dans les collines d'Heyrieu et de l'Ozon, dans le département de l'Isère. O les riantes campagnes que celles-là ! Peu de nos vallons sont plus délicieusement solitaires et lumineux. Ici abondent les prés, inconnus dans la plaine. Les bois tapissent des combes profondes. La base des collines, vers Chaponnay, Marennes et Simandres, est une succession de doux paysages. C'est une zone qui s'accroît peu à peu ; comme par une sorte de capillarité, les prés naturels ou artificiels gagnent sur la Crau lyonnaise. Il y a même eu, en vingt ans, une transformation profonde par le dessèchement ou plutôt par la mise en valeur des marais de Saint-Symphorien. Ce furent jadis des terres vagues, livrées à la pâture, coupées de trous profonds où naissaient les plus belles fontaines des environs de Lyon. Toutes les eaux tombées sur les plateaux de Mure, de Mions et de Corbas allaient rejaillir là en sources d'une limpidité et d'une fraîcheur exquises, bordées de cresson, parcourues par des myriades de poissons aux couleurs vives.

Un habitant du pays revenu au bercail après avoir été maraîcher près de Paris, dans la région des cressonnières de Montmorency ou de Saint-Denis, fut frappé de cette végétation aquatique ;

il imagina de louer un coin de marais et de procéder à la culture du cresson, comme il l'avait vu autour de Paris.

Le succès fut rapide, d'autant plus que le voisinage de Lyon offrait des débouchés illimités. Bientôt le fossé ne fut pas assez grand, il fallut en creuser d'autres ; des imitateurs survinrent ; en quelques années, de Chaponnay et de Chapotin à Saint-Symphorien, la plaine fut saignée de tranchées où affluait l'eau vive du sous-sol, où croissait un cresson vert et fourni, bien supérieur à celui des environs de Paris, né en des eaux gypseuses et cependant appelé la « santé du corps ». Les petites exploitations sont devenues de grosses affaires. Ce n'est pas seulement Lyon qui est le marché, Givors, Rive-de-Gier, Saint-Chamond, Saint-Étienne reçoivent chaque jour le cresson de l'Ozon.

Allez voir ces cultures ; si le paysage ambiant est morne, comme le reste de la plaine, vous serez intéressé par ces longues bandes des cressonnières, par l'activité de la récolte, les soins extrêmes apportés à la destruction des crevettes d'eau douce et autres animalcules qui rongent le cresson. Vous verrez entre les fossés, sur les à-dos, des cultures de légumes vraiment surprenantes.

Il croît là des choux, des navets, des poireaux

et des potirons que plus d'un jardinier achète subrepticement pour les présenter dans les comices agricoles et obtenir un diplôme.

Dans ces cultures des à-clos, sur un sol caillouteux, mais baigné dans une atmosphère mouillée, il faut voir ce que serait la plaine de Lyon irriguée et drainée à la fois.

On peut en juger déjà par les résultats qu'obtiennent les maraîchers de la Mouche, à la Guillotière, dans ces mêmes cailloux roulés, arrosés au moyen de norias; leurs jardins sont de véritables merveilles de patience et de volonté; sur la route de Vienne, sur les routes d'Heyrieu et de Grenoble, tels de ces « clos » arrosés avec l'eau péniblement extraite des puits sont d'une fertilité incomparable. Ce que peuvent faire de froides et inertes eaux montées du sol, n'est rien auprès de ce que donneraient les eaux du Rhône abondamment répandues par des filioles d'irrigation. Le jour où les communes de la plaine du Dauphiné voudront se syndiquer pour créer un canal d'arrosage, elles auront décuplé leur fortune et donné à Lyon une campagne plus verdoyante que la fameuse huerta de Murcie.

VII

VIENNE ET LE PAYS DES CERISES

Le Rhône au-dessous de Lyon. — Apparition de Vienne. — Vienne la Superbe, Vienne la Forte, Vienne la Sainte et Vienne la Moderne. — La fabrication des ratines. — Ponsard, Charles Reynaud et Jules Janin. — Les marrons de Lyon et les abricots d'Ampuis. — La forêt des cerisiers. — Les primeurs. — Vignoble de Côte-Rôtie. — Condrieu et ses muriniers.

Vienne, 10 mai

Le *Gladiateur* a démarré du ponton de Givors en laissant de rares voyageurs, gens économes qui ont réalisé un bénéfice de quelques sous sur le prix du chemin de fer ; battant les eaux rapides du Rhône de ses lourdes palettes, il fuit rapidement dans un couloir de hautes collines, presque des montagnes, sur la rive droite du fleuve. Gorge solitaire et tranquille, mais ensoleillée, dont les pentes se couvrent de vignes, de châtaigniers, produisant les fameux marrons de Lyon, et de vergers d'abricotiers et de pêchers soigneusement alignés. Des oseraies, des îles sauvages, enfermées entre des *lônes* tranquilles, séparent le fleuve des collines au pied desquelles courent, sur chaque bord, le sillon blanc d'une route et les quatre rails luisants d'un chemin de fer.

Le bateau à vapeur file comme une flèche et bientôt la gorge s'entr'ouvre pour montrer un bel amphithéâtre de collines verdoyantes et hardies couronnées par de fières ruines féodales, des débris de remparts, une colonne surmontée d'une madone, des débris de monuments semés au milieu de villas, de jardins et de vignes; une ville en amphithéâtre devant laquelle se dresse, rongée par les siècles, une lourde cathédrale gothique. c'est Vienne, jadis métropole des Gaules, aujourd'hui sous-préfecture industrielle de l'Isère.

Comme tant d'antiques capitales de provinces romaines, comme Arles ou Narbonne, Vienne a durement expié sa splendeur; les invasions de Barbares ont d'autant plus sévi sur elle que ses richesses étaient plus grandes. Elle s'est péniblement relevée autour de sa cathédrale archiépiscopale, serrant en d'étroites rues ses hautes maisons noircies par les années, par le manque d'air, par les brumes hivernales de son beau fleuve. Vienne la Superbe, Vienne la Forte, Vienne la Sainte, est devenue une ville sombre et triste, malgré un ciel limpide, une campagne merveilleuse et de grands horizons.

Cependant elle a beaucoup grandi de nos jours. Au siècle dernier elle vivait de son archevêché, de ses couvents, de ses chapitres. Autour de l'archevêque primat des primats des Gaules, co-seigneur de Vienne, gravitait tout un peuple de prêtres, de moines, de petits commerçants trafiquant avec les vallées voisines, de rouliers faisant les transports entre Lyon et Marseille, de mariniers du Rhône, dont les demeures resserrées entre le Rhône, la Gère et la haute et abrupte colline de Pipet, avaient dû gagner en hauteur l'espace jalousement mesuré. Sous ces bâtisses lépreuses avaient disparu les restes de l'antique cité. C'était une véritable ville morte, étouffée pour la vie provinciale par la capitale, Grenoble, et surtout par Lyon, mieux placée pour le commerce.

Cependant la Gère débouchant au Rhône entre des coteaux abrupts, avait, par l'abondance et la fougue de ses eaux, attiré l'attention. De pauvres drapiers, venus du Vivarais, avaient essayé de filer et de tisser les laines abondamment fournies par les troupeaux du voisinage. Même, il y a 150 ans, au moment où naissaient les grandes manufactures, une usine considérable pour l'époque s'installait au bord du petit cours d'eau. C'était la « manufacture royale » des frères Charvet.

La Révolution balaya toute la Vienne religieuse.

Archevêché, chapitres, abbayes, disparurent. Mais la fabrique Charvet et les petits ateliers voisins furent appelés à habiller les troupes. Ils prirent une importance plus grande, peu à peu les rives de la Gère se couvrirent d'usines, les draps et les ratines de Vienne trouvèrent bientôt un débouché dans le commerce lyonnais et dans la foire de Beaucaire où les conduisaient les mariniers du Rhône. Le progrès fut d'autant plus rapide que les industriels se montrèrent disposés à accepter toutes les machines nouvelles. Une ville neuve se crée alors sur les bords de la Gère, autour des manufactures, la population monte rapidement ; à la fin de l'Empire, près de quatre mille ouvriers étaient venus s'y installer.

Dès lors Vienne s'étend : tout autour de la cité antique se construisent des ateliers, les collines riveraines se couvrent de *rames*, bâtis légers sur lesquels sont fixées les pièces de draps à sécher ; de petites usines, la plupart, où l'on lavait, filait, tissait, foulait, teignait par des moyens primitifs les laines de la région. Plus de trois cents fabricants, pour 6,000 ouvriers, avaient donné au vallon étroit de la Gère, il y a soixante ans, un aspect extraordinaire ; partout des roues hydrauliques tournant sous le flot, des faubourgs bruyants, des teintureries noires, des bruits de métier. On compta jusqu'à cinq cents usines diverses collées au flanc du mont Pipet, tandis que, sur l'autre rive, au pied du mont Salomon, s'alignaient, bordant le chemin Neuf, les maisons d'ouvriers et les comptoirs.

Si le « tourisme » avait alors existé, à cette date de 1840, l'étrange aspect de cette gorge bruyante aurait sans doute valu à Vienne une célébrité nouvelle, mais on passait sur les vapeurs du Rhône, sans même soupçonner l'intense vie industrielle masquée par la noire et calme cité ecclésiastique.

La vapeur et le perfectionnement des machines ont eu raison de cette multiplicité d'établissements. Aujourd'hui, Vienne est en voie de transformation, les petits ateliers, les pittoresques moulins font place aux grandes usines, conçues sur le modèle des puissantes installations de Roubaix. Il y a vingt ans, le nombre des fabricants de Vienne était descendu à 120, il est de 28 aujourd'hui et diminuera sans doute encore. Mais la quantité des produits fabriqués a doublé ; malgré la diminution du prix de revient, la valeur de la production est montée de 13 à 19 millions et ne cesse de s'accroître.

De là, pour Vienne, une transformation nouvelle. La vapeur, en donnant une force motrice moins intimement liée à la disposition du sol, a permis aux usines d'abandonner les rives de la Gère et de la Seveines pour se développer dans les petites plaines riveraines du Rhône, depuis

Les jardins d'Estressin ombragés de noyers

chantés par Charles Reynaud, jusqu'au Plan de l'Aiguille, pyramide de pierre, ancienne *spina* d'un cirque dans laquelle une tradition populaire voit le tombeau de Pilate. Ponce Pilate, en effet, vint mourir exilé sur les bords du Rhône. Là se crée une ville moderne, large, claire, ensoleillée, contrastant profondément avec la vieille ville archiépiscopale, aux petites rues pavées de galets pointus.

Pauvre vieille ville ! Aucune en Dauphiné n'est aussi triste et sordide ; sauf deux ou trois places ou rues percées depuis quelques années, ce sont d'étroites ruelles ; mais, à travers ces tristes artères, on rencontre de beaux débris du passé. La cathédrale Saint-Maurice, une des plus vastes églises gothiques du Midi, mutilée et rongée. Saint-Pierre, un des édifices romans les plus curieux de la vallée, Saint-André-le-Bas, seraient partout des monuments admirés. De l'antique ville romaine il subsiste peu de chose, le temple d'Auguste et de Livie est trop restauré peut-être ; sans le voisinage de la Maison Carrée, de Nîmes, il serait fameux. Le monument romain le plus beau, celui qui pourrait être la gloire de la ville s'il était dégagé des laides bâtisses qui le masquent, est la grande porte conduisant au pauvre théâtre moderne. Cette porte triomphale, encore majestueuse malgré l'exhaussement de sa base par plusieurs mètres de ruines et de débris, était une des entrées du Forum ; dégagée, déblayée, reliée aux débris du Forum qui existent encore, elle pourrait être un monument célèbre, comme les arènes d'Arles ou l'arc d'Orange.

A partir de ces débris du Forum jusqu'au sommet de la colline, par des chemins rocailleux, ardus, entre des maisons misérables, on gagne le sommet du mont Pipet, encore couvert d'énormes murailles, restes d'une citadelle romaine. Au-dessus de ces ruines, une tour supporte une madone. Il faut monter là pour avoir une des plus merveilleuses vues de la France entière.

Au pied de la colline, la ville presse ses toits de tuiles grises, dominés par les lourdes tours et le haut comble de la cathédrale, clocher roman de Saint-Pierre couvert de son toit plat supporté par d'élégantes arcades, la tour plus légère de Saint-André-le-Bas, aux proportions harmonieuses. Ce n'est point une ville du Nord que nous avons sous les yeux ; il y a dans les Apennins, sur les bords de l'Arno, bien des cités semblables à celle-là.

Mais Vienne l'emporte sur les cités toscanes par l'ampleur du paysage. Devant ses quais le Rhône, large et rapide, décrit une courbe superbe Au nord, il vient entre des collines sur lesquelles planent les fumées des usines de Givors et de Rive-de-Gier ; au sud, il descend vers des horizons éclatants. C'est ici le passage du nord au midi ; l'épanouissement de la vallée marque le passage d'un climat à un autre. Devant Vienne, un gros bourg étale ses maisons dans la verdure au pied d'une vieille tour carrée de pierre jaune. C'est Sainte-Colombe, faubourg luxueux de Vienne aux temps de la domination romaine, où chaque coup de pioche dans le sol ramène des merveilles d'art. Au-dessus de Sainte-Colombe, les collines se dressent, de gradin en gradin, jusqu'au massif du Pilat, une de nos plus belles montagnes, destinée à devenir pour la France du sud-ouest un véritable Righi, car du sommet, à près de 1,500 mètres d'altitude, on a sur les Alpes, les Cévennes et les monts d'Auvergne, un panorama d'une incomparable beauté.

Entre le pied des collines et le fleuve, la plaine est un verger de pêchers, d'abricotiers et de mûriers entretenus avec un soin extrême. Entre les rangées d'arbres, des cordons de vignes, des lignes de maïs, de petits champs de luzernes; dans cette verdure opulente, de grandes fermes, à la

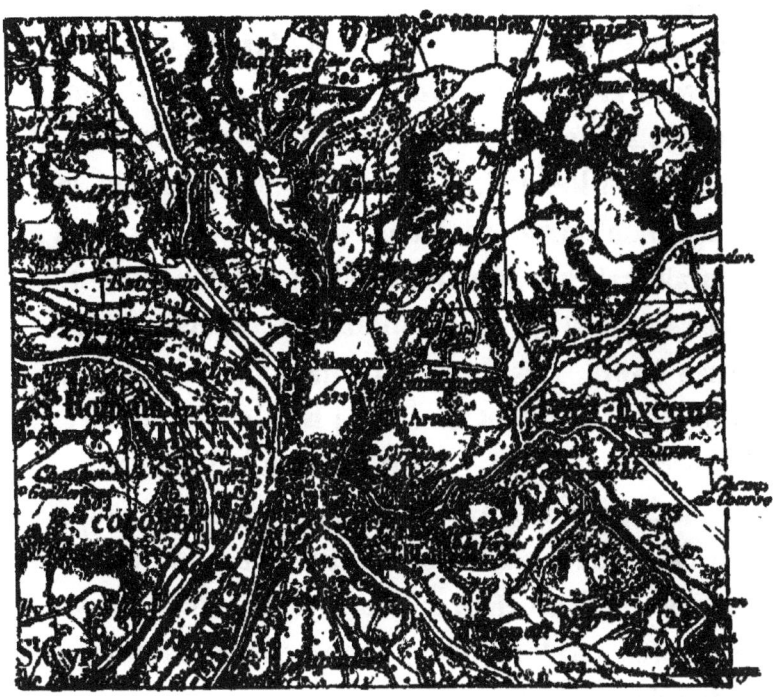

toiture plate, mettent des taches blanches et grises. Beaucoup de villas au bord du fleuve ou sur les premières pentes des montagnes; beaucoup de lumière, une lumière transparente et fluide qui donne à ce grandiose tableau rhodanien une splendeur plus grande encore.

Sur un autre versant du Pipet est le cimetière aux tombes blanches où reposent, frères dans la mort comme ils le furent dans la vie, Ponsard et Charles Reynaud. Ces deux poètes sont nés à Vienne. Charles Reynaud, le plus jeune, découvrit, pour ainsi dire, l'auteur de *Lucrèce* et du *Lion amoureux* dans son cabinet d'avocat viennois. Lorsque la fortune leur eut souri, ils revinrent souvent à Vienne. Reynaud avait plus loin, dans la calme vallée de la Sonne, près de Roussillon, le château de Sanglard. Dans ce manoir rustique, où il avait écrit ses pastorales, vinrent fréquemment, avec Ponsard, d'autres hommes illustres à des titres divers, nés dans ce même coin de France : Meissonnier, enfant de Lyon ; Émile Augier, né à Valence et chez qui mourut Reynaud ; Jules Janin, fils de Saint-Étienne, mais qui passa son enfance sur ces bords du Rhône, à Saint-Pierre-de-Bœuf, non loin de Condrieu, où les paysans, charmés par sa beauté, parlèrent longtemps encore dans leur patois de

> Ce bel enfant rosé qui semblâve l'amour.

Ce fut encore Pierre Dupont, le chansonnier lyonnais, auquel se joignit Nadaud, dont la savoureuse gaîté flamande aimait à s'épanouir dans ce clair paysage dauphinois. Meissonnier a fait plud'une esquisse dans le manoir rustique où Reynaud aimait à grouper ses amis.

Ponsard a sa statue, bronze médiocre, devant l'hôtel de ville de Vienne ; Reynaud a sa tombe au cimetière, au pied des vieux remparts romains qui dominent la gorge profonde où la Gère travailleuse court d'usine en usine, faisant mouvoir les grandes roues des filatures et changeant peu à peu ses eaux claires en torrent noir où se déversent les eaux nauséabondes du lavage des laines et les liquides des teintureries.

Ce profond défilé, où la roche disparaît sous les arbres des pentes à pic, sillonnées ou traversées par un aqueduc romain encore utilisé de nos jours, est la partie la plus pittoresque de Vienne, mais, comme je l'ai dit, il a cessé d'être le centre industriel. Les grandes usines, celles qui ont si grandement accru la richesse de l'antique cité, sont installées près d'un autre cours d'eau, la Seveines, insuffisant pour faire mouvoir les machines, mais assez abondant pour le lavage des laines et des tissus. La Seveines est un torrent dont la vallée profonde est exquise. Cette vallée « de Levaux » débouche sur le Rhône par une étroite gorge. Là sont construites les usines modernes, véritables chefs-d'œuvre de l'industrie. Nulle part on ne trouverait ateliers aussi clairs, aussi propres ; l'un de ces établissements fait songer à une maison hollandaise. Il s'agit cependant d'une fabrication où les poussières, les graisses, les déchets salissent facilement les ateliers, et d'un produit final de faible valeur.

Il ne faudrait pas croire, en effet, que Vienne produise des étoffes de luxe comme ses voisines. Lyon et Saint-Étienne. Ses tissus sont des draperies à prix relativement bas, pour lesquels on emploie en grande proportion les déchets de laine et de draps. Depuis cinquante ans, on a réussi à remettre en circulation, sous une forme nouvelle, les lainages réduits à l'état de loques. Dans les magasins de Vienne, on voit s'entasser tous les chiffons de laine recueillis et achetés sur le territoire, même à l'étranger. Déchiquetés par des machines, ils sont désorganisés, les fibres sont de nouveau peignées, puis mélangées de laine vierge, à des doses diverses, filées et tissées. C'est ce qu'on appelle la *laine renaissance*, base de la plus grande partie des vêtements confectionnés, dont le prix, parfois infime, est de nature à étonner.

Rien ne fait mieux comprendre l'extrême ingéniosité des industriels modernes que la visite de trois grandes maisons de Vienne : Bonnier et fils, Pascal Valluit et Cⁱᵉ et Bouvier fils. On parvient à fabriquer des draps excellents au toucher, fort beaux à l'œil, avec des débris qui sembleraient inutilisables. Déchets de peignage, débris de filature, envoyés des villes du Nord, débris de coton et de laine sont transformés et reprennent cours dans le commerce. Les vieux linges, mouillés, sont soumis à une machine qui les effiloche, les réduit en charpie et rejette par un violent courant d'air une sorte de duvet, ensuite lavé et séché sur des claies.

Suivons maintenant la fabrication sans entrer dans le détail des mélanges avec la laine vierge, mélange qui peut atteindre de 40 à 50 p. 100.

Il serait impossible de filer les brins de laine, secs et cassants, il faut les imbiber d'une matière grasse, aujourd'hui l'oléine. Cette opération s'appelle l'ensimage; la laine ensimée est portée dans un grand tambour, appelé diable, où elle est mélangée par des cylindres armés de dents. Du diable elle passe aux cardes, d'où elle sort en une nappe douce et continue d'ouate, transformée plus loin en rubans de carde qui deviendront les fils; ceux-ci sont ensuite tissés et suivent toutes les phases ordinaires de la fabrication du drap.

Je ne veux pas faire une description qu'on trouvera dans tous les manuels, mais dire ce que Vienne présente de particulier. Les tissus, parvenus à ce point de fabrication, sont pour la plupart d'une teinte grisâtre. Ici interviennent la teinture et surtout, pour les étoffes à bon marché, l'impression qui transforment ce molleton en étoffes de fantaisie. Tous les dessins que Sedan, Elbeuf, Louviers, Roubaix reproduisent par les cartons du Jacquart, Vienne les fabrique au moyen de rouleaux imprimeurs. Des dessinateurs de Paris, de Roubaix, de Lyon ou de Vienne envoient les motifs qu'on suppose devoir être choisis par la mode; ils sont gravés à l'usine, sur des cylindres, par des ouvriers habiles. A ce point de vue, les industriels viennois ont fait des merveilles. Ces rouleaux servent à obtenir des draps de fantaisie : quadrillés, ornés de bandes, etc. Il y a des tissus élégants que l'on pourrait prendre pour des lainages de grand prix et qui se vendent couramment 2 fr. le mètre. Du reste, les tissus de Vienne varient depuis 1 fr. 40 c. le mètre, pour l'article d'été, jusqu'à 8 fr. pour l'article d'hiver, en filature peignée genre Roubaix ou Elbeuf. C'est dire que Vienne fabrique également des tissus de qualité supérieure.

Chacune des trois grandes usines de Vienne, où la fabrication des lainages comprend toutes les phases, renferme près de 600 ouvriers. Leur installation est récente, car, en 1885 encore, on comptait 4,000 métiers à bras; aujourd'hui il en reste

1,300 à peine. Chaque jour, les 28 établissements de Vienne produisent 17,000 mètres de drap. Les grandes maisons vendent directement, celles de moindre importance se sont groupées au nombre de dix autour d'une maison de commission qui centralise toutes leurs affaires, c'est-à-dire la moitié de la production en nouveautés, 12 millions environ par année.

Tous ces tissus servent à la confection dans les grandes manufactures de vêtements de Paris, Lyon, Nîmes, Amiens, Lille et Marseille; il y a là des débouchés presque sans limite. Il en est de même pour les draps et feutres pour industrie et pour une fabrication née à Vienne depuis dix ans : la chapellerie de laine ; celle-ci est produite par plusieurs maisons occupant un millier d'ouvriers. D'autres usines fabriquent des tissus de crin, de la flanelle, etc. Enfin, l'existence de tant d'industries mécaniques a fait naître de grands ateliers de construction ; on y fabrique notamment de belles machines pour la papeterie. Jadis il y eut à Pont-Évêque de puissants hauts fourneaux, aujourd'hui fermés.

Le centre lainier de Vienne est d'autant plus remarquable qu'il est complètement isolé au milieu du bassin lyonnais; sa vitalité, ses qualités particulières méritent d'être signalées.

L'industrie viennoise reste locale, elle ne s'étend pas au delà des limites de la ville et n'emploie pas de bras étrangers à la cité. La banlieue, purement agricole, vit par la vigne et la culture des fruits de primeur, sur la rive droite du Rhône surtout, au pied des contreforts du Pilat. Ici, la grande courbe du fleuve est abritée des vents du nord par de hautes collines dont les pentes, tournées vers le soleil, ont un printemps hâtif et chaud. Lyon a encore des brumes et des gelées, et déjà ces petites montagnes se parent de fleurs et de verdure ; dans les bois, les primevères, les scilles et les muguets sont éclos ; les pervenches émaillent le bord des haies, les abricotiers mettent des nappes de neige rose et les cerisiers des nappes de neige blanche au flanc des coteaux. Mars et avril sont un éblouissement pour cette contrée heureuse, qui va de Sainte-Colombe à Rochemaure, en face de Montélimar.

Sainte-Colombe est déjà en plein verger. Au-dessus du bourg, enveloppant le joli village de Saint-Romain-en-Gal, de belles châtaigneraies s'étendent jusqu'aux approches de Givors ; les meilleurs marrons de Lyon sont produits par ces hautes collines de granit. En descendant le Rhône, on entre dans les arbres. De chaque côté de la route s'alignent les plantations d'abricotiers et de cerisiers, séparées par des lignes de fraisiers, de petits pois et de haricots verts, car on ne néglige aucune primeur depuis que l'on est en relations avec les commissionnaires de Paris, de Bruxelles, de Londres, de Hambourg et de Saint-Pétersbourg. La bande de terrain est assez étroite, mais les collines ont des pentes douces escaladées par les arbres et les vignes. Au delà de Saint-Cyr-sur-le-Rhône, on est en pleine exploitation fruitière. Pendant la saison des cerises, ce ne sont que charrettes transportant les beaux fruits, paysans et paysannes debout dans les arbres et faisant la cueillette. Au moment des abricots, un parfum subtil flotte dans toute la vallée.

L'abricot a commencé la réputation fruitière de cette heureuse zone. Il y a trente ans, alors que le commerce des primeurs n'existait pas encore, les abricots d'Ampuis étaient déjà célèbres et alimentaient le marché de Lyon. Charles Reynaud les célébrait en des vers dédiés à Jules Janin, qui avait vécu enfant au milieu des abricotiers d'Ampuis et de Condrieu :

Dans votre souvenir Condrieu est resté.
Et vous voyez toujours, dans un flot de lumière,
Les prés où vous faisiez l'école buissonnière.
J'ai voulu le revoir en mémoire de vous,
Mon ami, ce pays dont le nom est si doux,

> Ses coteaux couronnés de pêchers et de vignes.
> Ses champs où les mûriers développent leurs lignes,
> Ses blés pleins de bluets et de coquelicots,
> Et les jardins d'Ampuis fertiles en abricots ;
> Et Saint-Pierre-de-Bœuf et les sombres fenêtres
> De la maison déserte à qui manquent ses maîtres,
> Et la Côte-Rôtie, et tous ces horizons
> Où, parmi les vergers, les vignes, les moissons,
> Le Rhône, emprisonné par les collines blondes,
> Se déroule avec grâce autour d'îles fécondes,
> Là coupant les massifs d'un sillon argenté,
> Et, plus loin, lac d'azur sous Pilat arrêté.

Le tableau est complet, mais depuis cette lointaine année de 1852 où Reynaud écrivait, la vigne a vu sévir le phylloxéra, le vignoble d'Ampuis a été détruit pour quelques années ; sur les champs dépouillés, on a planté les cerisiers par milliers. Cette culture ne devint importante qu'à partir de ce moment, mais elle remonte à une trentaine d'années. M. Arnaud, pépiniériste, produisait alors les premiers plans de bigarreaux précoces : dès les débuts, ce fruit se vendit un franc la livre ; en même temps on soignait l'abricotier pour en obtenir des fruits plus précoces et de meilleure qualité. Aujourd'hui, la limite de vente étant près d'être atteinte, on commence à planter beaucoup de pêchers, dans des terrains neufs défrichés à cet effet.

L'année presque entière voit expédier les produits du sol. Les fraises d'abord, puis les cerises, les pêches, les abricots et les raisins. Les pruniers sont assez nombreux, mais la récolte n'est guère utilisée que lorsque les prunes manquent dans les lieux de production habituels. En dehors de ces produits, on cultive en quantité les petits pois, les haricots, la salade, les choux, les poireaux, les pommes de terre, qui trouvent des débouchés illimités dans les grands centres voisins : Lyon, Saint-Étienne, Annonay, Vienne, Givors, Rive-de-Gier, Saint-Chamond.

Mais le cerisier est le grand favori ; lorsque ses fruits sont mûrs, toutes les autres cultures sont arrêtées. De 4 heures du matin à 9 heures du soir, les paysans sont debout, cueillant, chargeant, emballant. Il ne faut pas perdre de temps, le moindre orage peut compromettre la récolte des cerises. Le prix varie sur place entre 20 fr. et 100 fr. les 100 kilogrammes pour les cerises précoces. Les cerises tardives elles-mêmes trouvent de grands débouchés, leur prix atteint parfois jusqu'à 50 fr.; aussi, depuis quelques années, s'est-on mis à cultiver le cerisier jusque sur les hautes croupes du Pilat, où l'hiver est long et le printemps tardif.

Il serait difficile de dire quelle est la quantité

de fruits expédiés, mais on peut en avoir une idée par ces chiffres : Pendant mon séjour à Ampuis, les gens de Saint-Désirat, commune de l'Ardèche, qui est le plus grand producteur de cerises, envoyaient à Lyon, par voiture seulement, 50 chargements de 1,000 kilogrammes chacun ; il en partait à peu près autant par voie ferrée pour Paris et les capitales du Nord, au total, pour ce petit village tapi dans un ravin en face de Saint-Rambert-d'Albon, près de 100,000 kilogrammes par jour ! Ces gens de Saint-Désirat sont fort réfractaires au progrès, ils passent la nuit sur leurs charrettes attelées de mulets pour se rendre au marché de Lyon, afin d'éviter le transport par chemin de fer et les frais de commission. A Ampuis, au contraire, le commerce est plus largement compris, on livre les fruits à des commissionnaires locaux qui les trient, les emballent et les expédient aux grandes maisons de Paris, de Londres et de Hambourg. Mais avec quelle âpreté discute-t-on le cours du jour et le poids ; j'ai vu des querelles homériques pour des différences de 200 grammes ou 300 grammes sur un quintal.

D'Ampuis, cette culture a rayonné sur 150 kilomètres des rives du Rhône et sur la plupart des vallées adjacentes dans l'Ardèche et la Drôme. Le mouvement d'affaires se chiffre par millions. Si l'on ajoute la production des vins, qui reprend son importance d'autrefois, on comprendra l'énorme valeur de la terre dans la région d'Ampuis, où elle atteint de 20,000 fr. à 25,000 fr. l'hectare.

Ces vins, il est vrai, ne sont autres que les crus illustres de Côte-Rôtie ; les habitants parviennent

à les reconstituer ; la côte a réparé peu à peu le grand désastre de 1887. Aux rares vignes maintenues par l'emploi du sulfure de carbone se sont ajoutées les plantations de vigne américaine sur lesquelles on a greffé les anciens cépages. Le crû de Côte-Rôtie n'est pas très étendu, il est limité par la nature et l'exposition du sol. C'est une pente rocheuse de 140 mètres à 150 mètres de hauteur, coupée d'innombrables ravins, devenant des torrents à la moindre pluie, elle se prolonge vers Condrieu sur trois kilomètres au plus. Le coteau est abrupt, on a dû planter la vigne en terrasses ; des murailles de pierre sèche forment de la base au faîte une série de gradins où la terre est précieusement recueillie. Sur ces marches gigantesques est plantée la vigne, répartie entre cinquante ou soixante propriétaires. Le plant, pour le vin rouge, est appelé Serine ; il aurait été, dit-on, importé par les Grecs ; le vin blanc est produit par un cépage appelé Viognet.

Grâce à un champ d'expériences créé sur le territoire d'Ampuis, les méthodes de greffage ont été vite adoptées ; au début, les vins de vigne américaine ont été médiocres, mais ils s'améliorent chaque année ; les vignes remontant à dix ans déjà donnent des vins comparables à ceux d'autrefois. Les crûs ont repris leur renommée, et l'on retrouve les célèbres : Brune, Blonde, Château-de-la-Garde et Grosse-Roche.

Aussi, grâce à ces grands vins, à ces cultures arbustives, aux récoltes de légumes, cette région est-elle une des plus riches de la France entière ; d'Ampuis à Condrieu surtout, elle est d'une inexprimable opulence. Dans tout le Lyonnais, les abricots d'Ampuis, les cerises de Saint-Désirat, les rigotes et le vin blanc doux de Condrieu, sont célèbres. Les rigotes sont un fromage fabriqué au moyen du lait des chèvres qui pâturent dans les collines parfumées des environs ; le vin blanc doux était jadis l'accompagnement obligé des soirées où l'on mange des marrons. Ces gloires locales renaissent après une longue éclipse.

La petite ville est pittoresque, grâce au fleuve, grâce aux ruines d'un vieux château ; c'est le type complet des bourgades riveraines du Rhône avec leurs étroites rues en pente, pavées de galets du fleuve et parcourues au milieu par un ruisselet. De vieilles maisons aux larges auvents, une belle église romane, donnent quelque attrait à la tranquille et silencieuse cité. Condrieu est habité par une population de cultivateurs, de mariniers et de brodeuses. Jadis, la plupart des conducteurs de « rigues » et de chalands venaient d'ici et des villages voisins : Chavanay et Saint-Pierre-de-Bœuf. La diminution du nombre des bateaux a porté un coup sensible à cette vocation ; cependant, Condrieu fournit encore beaucoup d'hommes aux équipages des vapeurs du Rhône, aux *bateaux mouches* de Lyon, pépinière des pilotes de la Seine. Un grand nombre des capitaines et des pilotes des *Hirondelles* et des *Parisiens* sont nés à

Condrieu. Rien ne forme mieux un marin de rivière que la difficile navigation du Rhône.

L'industrie principale de Condrieu et de son faubourg des Roches, dans l'Isère, est la broderie. De temps immémorial, les femmes de bateliers ont brodé la dentelle pour Lyon. Longtemps ce fut la fortune du pays. L'introduction des machines et les variations de la mode ont bien modifié les choses; cependant, Condrieu seul compte 1,000 brodeuses à la main et 246 à la machine. Avec celle-ci, quand le travail marche, une ouvrière gagne 2 fr., 2 fr. 50 c. par jour et même davantage. A la main, on se fait aujourd'hui dix sous par jour, cinq sous pour la ménagère qui entretient sa maison et ses enfants. Cette industrie donne à Condrieu son allure de calme et de douceur; par les belles après-midi, ce ne sont devant les portes qu'ouvrières assises devant leurs carreaux et maniant activement les fuseaux.

La colline qui abrite Condrieu des vents du nord est un des contreforts du Pilat. Des bords du Rhône et surtout des ruines du château, la vue est sublime sur la majestueuse montagne. De là aussi, par les temps clairs, on aperçoit au loin, toute blanche et rose, la chaîne étincelante des Alpes, du Mont-Blanc à l'Obiou.

Malgré la splendeur des horizons, le regard revient toujours à la large vallée où court le Rhône, avec ses pentes couvertes de vigne et ses vergers se prolongeant jusqu'aux tours monumentales de Vienne. C'est peut-être la partie la plus belle de cette merveilleuse vallée du Rhône trop méconnue aujourd'hui.

VIII

LE MONT PILAT

Un Righi lyonnais. — Rochetaillée. — Ascension du Pilat. — Une nuit à la ferme. — Du haut du mont. — Dans la forêt. — Bourg-Argental.

Bourg-Argental, 12 mai.

La borne majestueuse qui ferme l'horizon lyonnais vers le midi, ces croupes aux lignes nobles et puissantes, arrêtent toujours les regards des voyageurs lorsqu'ils atteignent le Rhône en descendant vers la mer.

Ceux qui viennent des plaines basses de la Bourgogne ou de Champagne ou des coteaux « modérés » de l'Ile de France, s'imaginent, sans doute, qu'ils aperçoivent là un des coins des Alpes. Peut-être ont-ils rêvé de faire l'ascension de la fière montagne dont la silhouette bleue est le plus caractéristique caractère du paysage lyonnais.

C'est le mont Pilat.

Partout ailleurs qu'en France, ce serait une

merveille fréquentée par les touristes, ou une station estivale. En Italie ou en Suisse, on aurait construit tout un réseau de chemins de fer à crémaillère pour conduire au sommet ; de grands hôtels se seraient installés là-haut et l'on aurait vu tout le pays environnant profiter de l'incessante venue des voyageurs. Le mont Pilat a le grand tort d'être sur le passage des trains de Paris à Marseille, à deux pas de Lyon et de Saint-Étienne, il reste ignoré de la grande foule.

Pourtant c'est une splendide montagne, parce qu'elle domine de très haut le grand fleuve et les plaines basses du Dauphiné, parce qu'elle trône sur un immense amphithéâtre de collines et de monts, et recèle dans ses flancs tout ce qui fait la beauté des hautes cimes : ravins et abîmes, forêts profondes, eaux murmurantes, verts pâturages et subtils parfums. Sauf les neiges éternelles et les glaciers, le Pilat réserve à ses visiteurs toutes les joies de la montagne. C'est un coin des Vosges baigné dans la lumière transparente de notre beau ciel du Midi.

Les alpinistes de Lyon le connaissent bien, tout Saint-Étienne, tout Rive-de-Gier, tout Saint-Chamond y sont montés, mais peut-être cherche-t-on davantage la gloriole d'être parvenu dans les nuages, que la splendeur sereine du spectacle.

La course du Pilat, par un beau soir d'été, est exquise. A peine a-t-on dépassé les faubourgs interminables de Saint-Étienne[1] et, brusquement, la solitude se fait. La route court au sein d'une campagne sévère où les pins et les chênes s'enlèvent crûment sur le fond d'un vert doux des prairies Au pied du coteau sur lequel monte la route, se creuse, profonde, la vallée du Furens, dont la rivière fait mouvoir des usines rappelant les fabriques vosgiennes. Au delà de hautes pentes boisées, le clocher de Planfoy et des masses noires de forêts arrêtent les regards.

Tout cela est très beau. On dirait les Alpes du Graisivaudan vers Allevard avec plus d'âpreté et sans les arrière-plans neigeux. Le paysage est complet selon le mode classique, c'est la nature que se sont plu à peindre certains maîtres hollandais et notre grand Claude Lorrain.

Rien ne manque : la « fabrique » qui anime la scène par le contraste de ses ruines, par le pittoresque désordre des maisons, ce curieux village de Rochetaillée, la figure avec une étrange impression de *déjà vu*. Des abords du bourg, la vallée du Furens se creuse en gorge profonde et tourmentée. Les rochers, les bois de la rive, les filets d'eau des

---

1. Saint-Étienne et sa région industrielle seront décrits dans la 10ᵉ série du *Voyage en France*, en préparation.

cascatelles sont d'une beauté modestement tragique, qu'on eût aimée au grand siècle. Mme de Sévigné aurait dit que c'est le plus joli paysage du monde, la description eût suffi.

Vu d'en bas, le site prend plus d'ampleur, l'énorme muraille du barrage et les hauts rochers éveillent l'idée d'un asile de cyclopes

Longtemps on domine ainsi le val profondément creusé, les pentes couvertes de bois, laissant apercevoir par des échappées la nappe étincelante des réservoirs. Au delà d'Essertines on voit un moment tout le petit lac du Pas-du-Riot. La nature s'est faite plus âpre, les cultures sont rares, les fleurs des prairies sont alpestres. C'est que l'on a longtemps gravi les pentes ; on devine un climat plus rude, les maisons des hameaux sont percées de rares ouvertures comme pour mieux arrêter la bise. La Barbanche, Tarantaise ressemblent à tous les villages de montagnes.

A ma dernière ascension, la nuit me surprit au Bessat, une de ces nuits douces des hautes cimes, qu'une lumière laiteuse éclaire un instant après le crépuscule. Bientôt cette lueur disparut ; il me fallut trouver le chemin de la ferme dans l'obscurité noire. Je recommande la course aux amateurs d'émotions. La route monte rapidement jusqu'aux forêts qui font une couronne au sommet principal de Pilat. Son ruban blanc se tord entre la mystérieuse colonnade des sapins. Des bruits inquiétants viennent des grands arbres et des fourrés pleins d'airelles. De temps en temps on aperçoit de grandes choses blanches gisant dans une clairière, ce sont des sapins abattus et écorcés, prêts à être transportés à la scierie la plus proche. Pour les esprits enclins aux terreurs de la nuit, cette marche dans la solitude des bois noirs, au-dessous du ciel sombre criblé d'étoiles, semblerait sans fin.

On va longtemps ainsi, puis les arbres se font plus rares ; au delà d'une dernière et longue courbe du chemin, on entre dans les pâturages, la route est maintenant une piste pleine d'ornières. Sur les prairies, flottent des vapeurs légères qui forment de fantastiques apparitions. Ici le silence est absolu, l'isolement accablant. Le sentier semble conduire à un désert enchanté.

Un aboiement furieux vient rompre le charme et indiquer le chemin de la ferme autour de laquelle on pourrait longtemps errer sans la découvrir, car elle est construite dans un creux. Enfin apparaissent les murs blancs, interrompus par une sorte de tour carrée donnant à la « jasserie » un air de forteresse. Derrière le portail un chien aboie furieusement, répondant par des cris de plus en plus furieux aux coups de bâton que je donne sur les vantaux.

La fermière est accourue, le chien est mis à l'attache et me voici devant un grand feu, pendant que la fermière bat le beurre dans une baratte primitive. Tout est primitif ici : la grande salle où l'on reçoit les touristes, avec ses poutres massives, ses solives noircies par la fumée, les grandes et épaisses tables, les bancs de hêtre, les murs imprégnés de suie ont une fort vague ressemblance avec les grands hôtels du Righi et du Generoso ! Mais n'oublions pas que nous sommes en France et qu'il ne serait pas *chic* d'avouer qu'on est allé au Pilat, ce n'est pas un paysage catalogué par les gens du monde.

Les chambres ont un peu plus souci du confort, le mobilier est acceptable. Puis les murs et les cloisons sont une de ces tablettes où Bouvard et Pécuchet, comme M. Perrichon, aiment à graver leurs impressions de voyage.

Il y aurait une plaquette réjouissante à faire en recueillant là-haut les confidences et les expansions de ceux qui, venus « à Pilat » en partie de plaisir, ont eu plus de joie à s'élever à 1,200 mètres au-dessus du Rhône qu'à admirer les merveilleux paysages de la montagne. Pas un mot

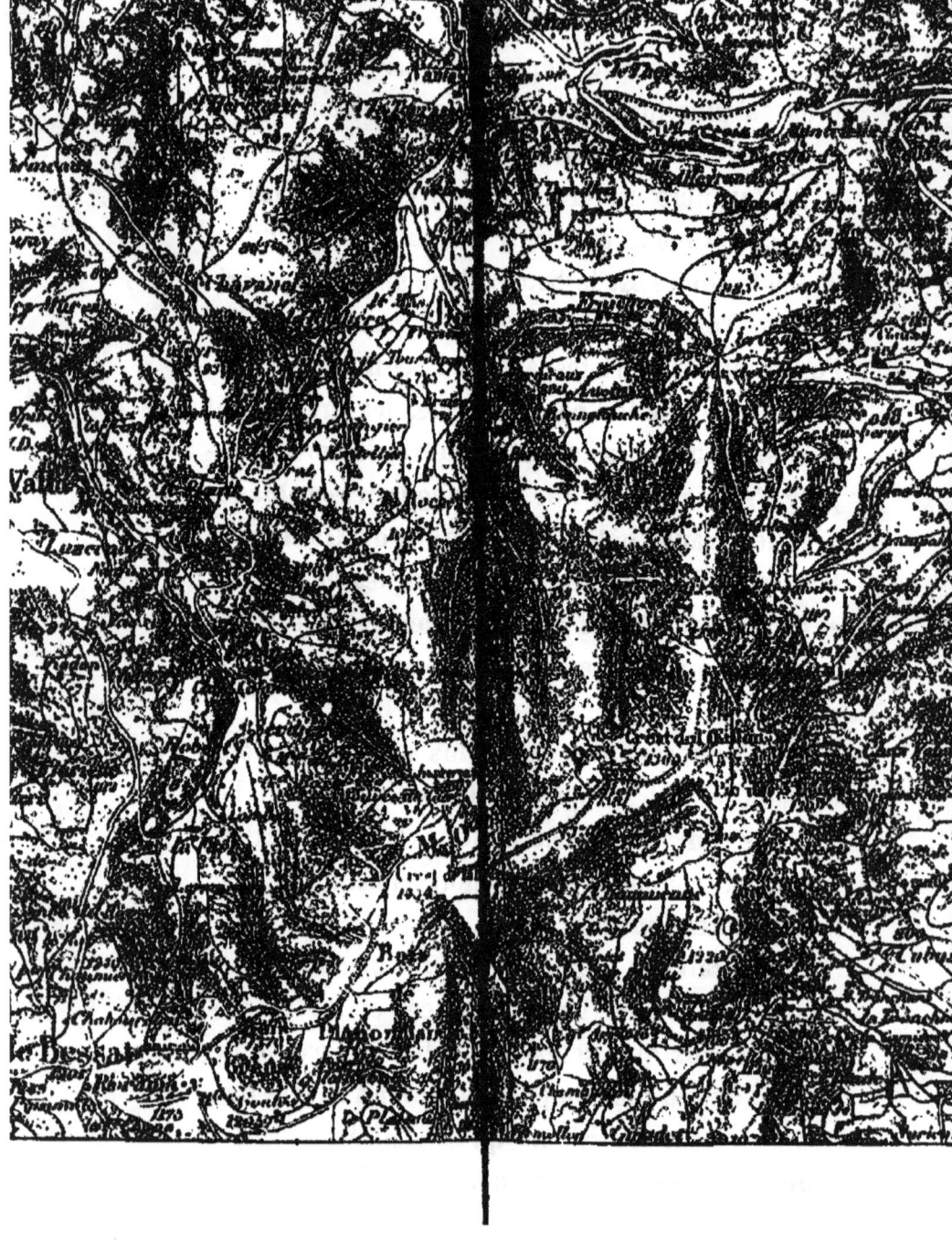

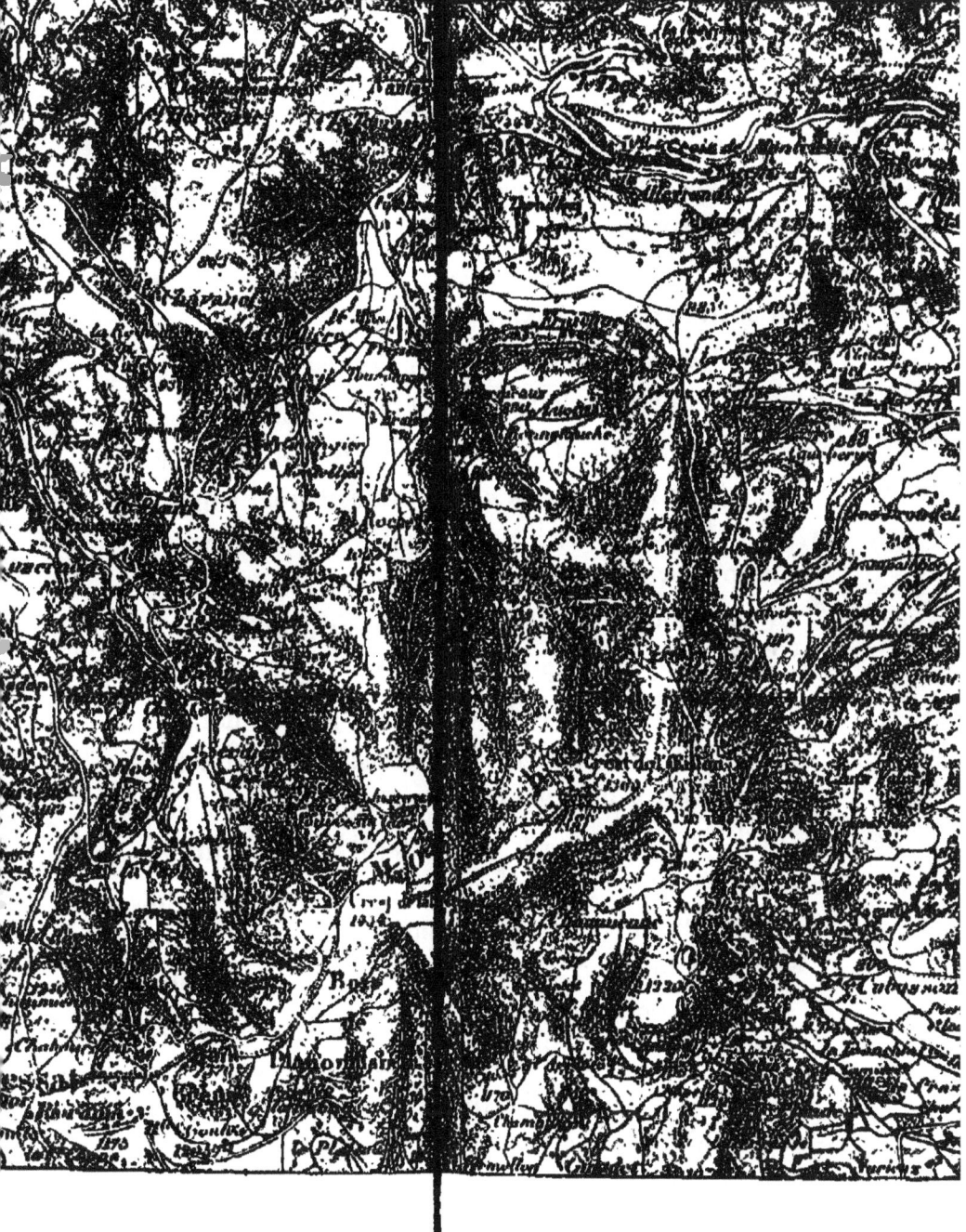

d'admiration sincère, c'est Tartarin mettant le pied sur la Jungfrau, avec, en moins, la bonhomie malicieuse de son historien.

Il faut dormir cependant, demain on me réveillera à trois heures.

— Mais nous aurons sans doute du brouillard, me dit la grosse servante réjouie.

A trois heures du matin on frappe :
— Monsieur, le brouillard est très épais !

Il doit l'être, car à travers les fentes des fenêtres et de la porte, un air humide et froid pénètre dans la chambre, l'eau ruisselle. Cependant un coup de vent peut avoir raison de ces nuées, je descends dans la grande salle où un immense feu de branches de sapin répand une lumière et une chaleur vives. A chaque instant je vais dans la cour pour voir si la brume se dissipe. Elle devient au contraire plus intense. Peu à peu un jour blafard donne au nuage dans lequel nous sommes plongés un aspect cotonneux, on le voit courir entre les murs gris de la jasserie. Peut-être au sommet du crêt a-t-il disparu, balayé par les vents. En route donc pour la cime. Au dehors, la brume est moins épaisse. On m'a donné comme direction un bois de hêtres près duquel se détache le chemin qui monte au Crêt de la Perdrix. Le nuage, loin de se dissiper, s'épaissit, malgré un vent assez violent; celui-ci, chargé de vapeurs en passant au-dessus du Rhône, semble au contraire alimenter la couche épaisse des brumes. La pente de la montagne permet cependant de deviner la direction du sommet; bientôt je gagne le champ pierreux des Chirats, formés de blocs énormes de granit, ruine du rocher terminal détruit par la foudre et les intempéries, semblable mais moins grandiose, au désert pierreux de Pierre-sur-Haute. C'est le Crêt de la Perdrix. En quelques minutes je suis au sommet de blocs qui doivent être le *Signal* élevé par les officiers d'état-major à cette altitude de 1,434 mètres.

Mais le nuage passe, toujours chassé par le vent, se changeant en nappe d'eau contre tous les obstacles. Le vent finira-t-il par en avoir raison? En attendant, assis au pied d'un bloc de granit qui me préserve un peu, j'essaie de faire du feu pour détruire l'impression pénible de cette brume pénétrant partout et dont aucun vêtement ne semble pouvoir préserver. Sur ce sommet, on se sent envahi par toutes sortes de réminiscences d'aventures de voyage, récits de naufrage ou robinsonnades, et l'on voit de loin combien ces aventures ont dû être arrangées. Il n'est pas si commode de faire du feu! Tiges de bruyères et d'airelles, aiguilles de pins sont fort réfractaires à l'incendie ; lorsqu'on a réuni les éléments d'un foyer, on n'obtient qu'une fumée âcre et nauséabonde.

Ces efforts font passer le temps et permettent d'attendre une éclaircie. Par instant le vent déchire le voile de brume et laisse apercevoir un coin de pâturage, un lambeau de *chirats* ou les massifs épais des sapinières. D'autres rafales font un trou dans la nappe de brumes et, tout à coup, à de vertigineuses profondeurs, on voit scintiller un coin de fleuve : ce doit être le Rhône.

Un moment entr'ouvert, le panorama se referme pour se rouvrir ; à chaque instant un nouveau site apparaît. Abîme mystérieux rempli de sapins, villages aux toits rouges ; là-bas, dans la dépression gigantesque du Gier, des villes hérissées de cheminées fumeuses. Au Midi, des cimes sans nombre et, fréquemment aperçue, la nappe bleue d'un lac étroit. C'est le barrage d'Annonay. A l'Orient, une plaine immense, semée de villages, c'est le plat pays de l'Isère et de la Drôme.

Ces apparitions fugitives sont de nouveau recouvertes par les nuées ; un temps fort long s'écoule, mais j'ai pu découvrir des fourrés de hêtres rabougris, formant berceau, sous lesquels on est à l'abri de la brume. Et voilà que le feuillage métallique qui me protège s'éclaire et s'irise, un rayon de soleil est venu, chaque gouttelette suspendue aux feuilles a l'éclat du prisme, une lueur diffuse, presque fantastique, pénètre sous le couvert, donnant aux feuilles mortes qui jonchent le sol un éclat enchanté de pierres précieuses.

Savez-vous que l'on comprend bien ainsi les contes de fée et les antiques légendes? Dans les récits populaires dont fut bercée notre enfance, il dut y avoir, comme fond vrai, plus d'une de ces fantasmagories que la science a eu le tort d'expliquer. J'aurais tant voulu croire que la fée du Pilat avait illuminé ainsi un de ses asiles!

La fée, c'est le soleil, le chaud et radieux soleil. Aidé du vent, il n'a fait qu'une lampée de toutes ces vapeurs, et, alors, est apparu un des plus vastes et des plus merveilleux paysages du monde. A mes pieds, la vallée du Rhône, avec son opulente végétation, le large, clair et majestueux ruban de son fleuve, les villes sans nombre qui le bordent, le Dauphiné presque entier avec ses cimes blanches, puis l'infinie variété des monts du Vivarais et du Forez, des monts du Lyonnais et du Bugey.

En aucun autre coin de l'Europe on ne pourrait d'un seul coup d'œil apercevoir une telle variété de sommets; si le mot ne paraissait un peu hors de proportion, je dirais qu'il y a là un véritable musée de montagnes.

Toutes les formes géologiques, tous les phénomènes météorologiques, toutes les zones de végétations se rencontrent ici.

Là-bas, les neiges éternelles, les cascades, les pentes couvertes de sapins et de mélèzes, ici des cultures méridionales et les cimes brûlées par le soleil. Les sommets calcaires du Bugey, leurs hautes falaises rouges, font face à l'immense chaîne primitive du Lyonnais. Par-dessus la rangée régulière des monts du Forez, se dressent les cônes majestueux des volcans d'Auvergne. Où trouverait-on un tel ensemble de monts, si divers de forme et de splendeur?

C'est la grande originalité du Pilat, elle devrait rendre classique l'ascension de cette admirable montagne.

Mais, en me souvenant de mes trois heures de brouillard, je comprends que le manque d'hôtel et d'abri empêchera longtemps encore la région lyonnaise d'avoir son Righi ou son Generoso à la source du Gier.

On resterait longtemps, là-haut, à admirer ce spectacle grandiose. J'ai dû l'abandonner pour gagner Firminy où j'étais attendu. Mais j'ai voulu m'y rendre par le revers méridional de la montagne, partie la moins fréquentée et la moins con-

nue. C'en est peut-être la plus belle. Les forêts
du Pilat, de ce côté, sont une merveille de silence
et de grandeur. Les sapins y poussent droits et
forts, sur les pentes sans cesse ensoleillées.

Entre les rochers d'où les troncs s'élancent,
naissent des petites sources, claires et vives, qui
vont bientôt former un ruisseau, au fond de la
combe silencieuse. Les mousses y sont de teintes
délicates. Le calme est absolu : aucun bruit, aucun chant. Aux approches de la lisière seulement
on commence à distinguer la vie. Des abattis d'arbres et des ornières de char, annoncent le voisinage des bûcherons. La combe s'élargit, s'éclaire,
voit les prairies couvrir ses pentes ; c'est désormais un vallon dans lequel paissent les troupeaux.
Un bruit lointain de cloches annonce le voisinage
d'un hameau. Le voici, là-haut, ses maisons blanches entourant une église. C'est Graix, encore un
village alpestre, comme le Bessat son voisin, mais
exposé en plein soleil du Midi, dans un site riant.
Le ruisseau que j'ai vu naître dans les bois du
Pilat est devenu la petite rivière du Riolet ; il
s'est creusé une vallée profonde et tourmentée
entre de hautes roches ; le chemin de Saint-Ju-
lien-Molin-Molette le franchit sur un pont bâti
dans un site exquis. Il semble que je vais l'atteindre en un instant, mais il faut longtemps marcher

sous des bois humides, par des terres spongieuses et des pentes tourbeuses avant d'y parvenir. Enfin voici le sol ferme ; la route de Bourg-Argental se détache du grand chemin. Elle est exquise cette route, par la splendeur des paysages qu'elle domine ou surplombe. La vallée du Riolet est un véritable abîme de verdure.

A peine deux ou trois maisons, sur cette corniche aux détours incessants creusés au flanc des monts abrupts couverts de bois de pins. La vie s'est réfugiée au fond du vallon, sous forme de moulins mus par les eaux pures du torrent. Sur l'autre versant, parmi les rochers et les groupes de grands arbres, noyers et châtaigniers, deux ou trois grosses maisons cossues et une église forment le bourg de Thélis-la-Combe, accroché au flanc de la montagne, comme un village corse. Plus haut encore, on aperçoit les parapets et les poteaux du télégraphe de la route de Saint-Étienne.

Entre les hautes parois de ce contrefort du Pilat et la faille profonde où le Riolet, voulant se hausser à la dignité de grand torrent, bondit, s'étale en lac, forme des rapides ou des cascatelles, puis redevient calme riviérette bordée de *vergnes*[1], le chemin descend. Maintenant il s'anime,

---

1. *Vergnes* ou *vernes* est le nom donné aux aulnes dans le sud-est.

aux moulins succèdent de véritables usines, papeterie, moulinage ; un canal saigne le Riolet pour le conduire vers d'autres manufactures ; la rivière débouche dans un bassin plus sévère où les croupes revêtues de sapins font un noir écrin à une petite ville, dans laquelle on pénètre sans l'avoir aperçue.

C'est Bourg-Argental, où le Riolet, toujours en faisant mouvoir les roues des fabriques, disparaît dans l'active Drôme. Là, au-dessus de cette gorge, finit le massif du Pilat.

IX

LES MONTS DU LYONNAIS

Le chapitre des chapeaux. — Comment une grève tua une industrie. — Saint-Symphorien-d'Ozon, Grigny et Givors. — La récolte de l'or. — Ascension des monts du Lyonnais. — Riverie. — Auberge de l'âge d'or. — Le signal de Saint-André-la-Côte. — Un Chicago lyonnais. — Les chapeaux de paille. — Saint-Symphorien-sur-Coise et Chazelles

Chazelles-sur-Lyon, 15 mai.

J'entreprends, par une excursion dans la région habitée par les chapeliers, la visite des monts du Lyonnais. Le temps âpre, froid et humide rappelle l'hiver. De temps en temps, une éclaircie se fait et le large paysage de la banlieue lyonnaise reprend toute sa beauté.

Plusieurs grèves à Chazelles-sur-Lyon ont attiré l'attention sur cette grosse industrie lyonnaise de la chapellerie. Il y a une trentaine d'années encore, Lyon centralisait presque cette fabrication ; ses ateliers étaient nombreux et célèbres. Mais les chapeaux se faisaient à la main ; la mécanique est venue, des industriels sont allés s'installer au loin : à Chazelles dans la Loire, à Romans et à Montélimar dans la Drôme, où, grâce au bon marché de la main-d'œuvre, ils ont bientôt fort étendu leurs usines. Au fond, ce n'était là qu'une annexe de Lyon : on transformait simplement le poil de lièvre, de lapin ou de castor en cloches de feutre, analogues aux chapeaux des clowns dans les cirques ; Lyon les teignait ensuite, leur donnait la forme, les bordait, les enrubannait. La part était belle encore ; mais les ouvriers lyonnais ont voulu empêcher cette concurrence. Vers 1870, ils se mirent en grève pour interdire aux patrons le finissage des chapeaux : ils exigeaient que l'on ne fît plus venir la moindre « cloche » de Chazelles, afin de maintenir le foulage à Lyon et dans sa banlieue immédiate.

La grève fut longue. Pendant que les péripéties habituelles se déroulaient, les fabricants de Chazelles, menacés, eurent l'idée de finir eux-mêmes leurs chapeaux ; ils installèrent la teinture, la mise en forme, etc. Quand enfin la grève prit fin, Chazelles n'était plus tributaire de Lyon ; c'était devenu un grand centre et la plupart des ateliers lyonnais avaient été fermés. De 800, le nombre des ouvriers était descendu à 200. Les petits ateliers des bourgs ou villes du voisinage avaient pu résister, mais bien amoindris par la création des grandes usines mécaniques de Chazelles, de Romans, de Bourg-de-Péage et de Montélimar. Le contre-coup s'en fit sentir au loin, car la ville d'Albi, dans le Tarn, qui avait des chapelleries, augmenta son outillage, elle est aujourd'hui l'égale de Lyon pour cette industrie.

Ce résultat des grèves est bien fait pour attirer l'attention ; il m'a donc paru qu'il ne serait pas sans intérêt de parcourir la région où l'industrie de la chapellerie s'est maintenue ou a pris des développements énormes.

Voici, au delà de la plaine du Dauphiné, sur la rive gauche du Rhône, une fissure ouverte dans les balmes viennoises, moraines des anciens glaciers, par la petite rivière de l'Ozon. C'est un mince ruisseau, mais il a un rôle industriel assez considérable. Sur quelques kilomètres il fait mouvoir de nombreuses usines, notamment près du gros bourg de Saint-Symphorien-d'Ozon. Jadis celui-ci fut un centre pour la chapellerie ; il ne reste plus que deux ateliers, ayant trois ou quatre ouvriers chacun, où l'on foule le feutre pour Lyon. La fabrication mécanique a porté un coup sensible à ces petits industriels, mais telle est l'influence du voisinage de Lyon que d'autres travaux ont occupé la population. Saint-Symphorien-d'Ozon est un des plus grands centres pour la fabrication des galoches ; sa petite rivière fait mouvoir de belles usines pour la fabrication des couvertures.

En descendant l'étroite vallée, on atteint le Rhône en moins d'une heure. Le fleuve est ici très large, semé de grandes îles où croissent des asperges sauvages réputées, que les gourmets paient beaucoup plus cher que les autres. La traversée se fait par des bacs à traille, auxquels le courant donne une grande rapidité. Depuis les travaux d'amélioration du Rhône, les charpentes où étaient fixés les câbles ont été remplacées par de hauts fûts carrés de pierre, autour desquels tourne un escalier vertigineux. Dans cent ans d'ici, les archéologues disputeront sur l'usage de ces monuments robustes, en maçonnerie pleine, échelonnés au bord du Rhône. On y verra les témoins mystérieux d'une civilisation disparue. La pile de Cinq-Mars, en Touraine, qui a fait couler tant d'encre, ressemble fort à cela.

En quelques instants, le bac, courant au bout de son câble dont la poulie grince, nous a conduits sur la rive droite, au village de Grigny. C'est un gros bourg, assez pittoresque, grâce à ses vieilles tours et à ses beaux ombrages. La grande industrie y est représentée par la faïencerie, mais Grigny est surtout un centre de chapeliers, bien déchu lui aussi. Il y eut jadis, répartis entre un grand nombre de petits patrons, 350 ouvriers ; on n'en compte plus que 90 ; cependant la vitalité est encore grande ; une ou deux maisons ont résisté ; la plus importante a plus de cent ans d'existence. Chose rare en ces temps de chapeaux de laine à 3 fr. 60 c., elle traite encore le poil de lièvre, de lapin et de castor. Là se font les chapeaux de prêtre, les chapeaux de garçon de recette, dont on connaît les formes archaïques et les longs poils. Là encore se fait le chapeau pour dame appelé fantaisie, flamand ou velours. Dans ces parages Paris fait fouler et teindre le chapeau de gendarme, que les fournisseurs de l'armée galonnent ensuite.

Ces spécialités et de longues traditions de travail permettent à Grigny de résister à la concurrence du chapeau de laine, qui a chassé des boutiques le chapeau doux, soyeux et résistant que nous ne connaissons guère aujourd'hui. D'abord cantonnée en Angleterre où l'on foulait les laines de la Nouvelle-Zélande, la chapellerie de laine a pris pied en France, trop tard pour Lyon : les patrons ruinés par la grève n'ont pu entreprendre la fabrication nouvelle ; elle est allée s'installer dans les petites villes ou les campagnes; de grandes usines se sont construites. Dans la région lyonnaise Vienne, Annecy, Pont-de-Beauvoisin, les

Roches-de-Condrieu ont pris rang à côté de Chazelles, de Bourg-de-Péage et de Montélimar. Essaimant toujours, l'industrie nouvelle du « trois françois » est allée à Fontenay-le-Comte en

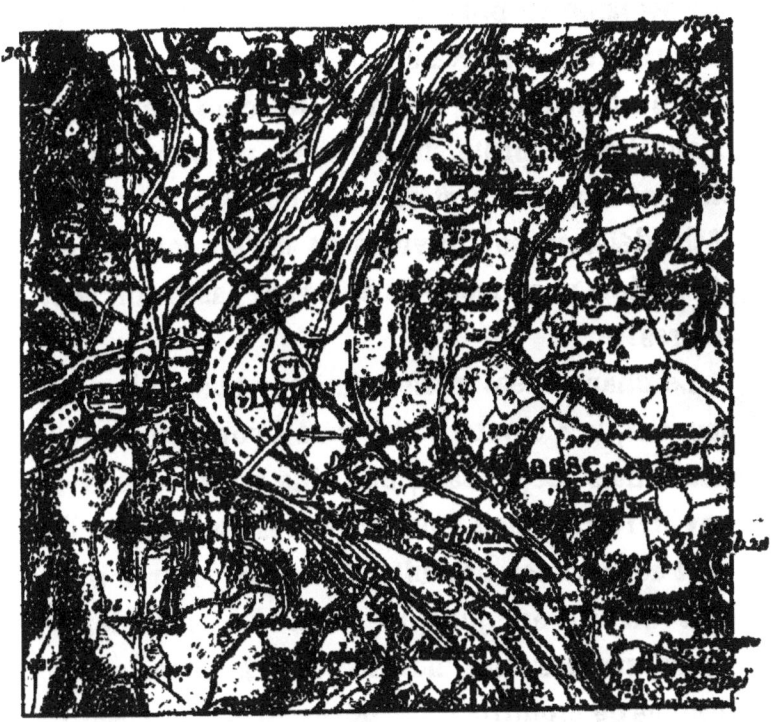

Vendée; à Bort, en Corrèze; à Chambon, dans la Creuse; à Esperaza, dans l'Aude. Par contre, Dijon, jadis actif, est complètement tombé.

Si les petits ateliers des environs de Lyon se sont maintenus, c'est par les spécialités qu'ils produisent et par leurs chapeaux d'exportation. On fait encore les cloches à Brignais, dans le Rhône, à Serrières, dans l'Ardèche ; les ouvriers peuvent gagner de 3 fr. 50 c. à 5 fr. par jour, mais le travail est fort intermittent, trois ou quatre jours par semaine au plus. Presque partout les mœurs sont restées patriarcales ; on a résolu la question des huit heures à Grigny. Dès cinq heures la chaudière est prête, les ouvriers peuvent venir ; ils sont aux pièces et rien ne les astreint à une tâche déterminée ; ils viennent et s'en vont quand ils veulent ; beaucoup ne se lèvent pas avant sept heures.

Le chapeau est parfois fini sur place ; le plus souvent, la « cloche » s'en va à Lyon pour la toilette finale. Cependant, une ville voisine de Grigny, Givors, a peu à peu accru ses ateliers et elle peut achever ses produits. Les deux centres n'en font qu'un, en quelque sorte. En une demi-heure, par des rues industrielles : faïenceries, fabriques de produits réfractaires, hauts fourneaux, on atteint Givors. Il y a là 10,000 âmes, mais la ville n'a pas eu les destinées qu'elle pouvait espérer. Là s'ouvre, sur le Rhône, la vallée du Gier, route naturelle de Rive-de-Gier, de Saint-Chamond et de Saint-Étienne. Dans ces hautes et sévères montagnes, on exploite la houille depuis cinq siècles ; un des canaux les plus anciens de notre pays conduit à Rive-de-Gier ; enfin le premier chemin de fer construit en France dessert la vallée, destiné d'abord à conduire les charbons à la Loire et au Rhône, d'où la navigation les aurait conduit à la mer. Givors, placé sur le Rhône, devait prospérer ; longtemps son port fut l'entrepôt des houilles. Les chemins de fer ont tué le canal, les mines qui bordaient celui-ci sont épuisées ; la verrerie, jadis très active, grâce aux sables du Rhône et aux charbons, a perdu, bien qu'elle occupe 600 ouvriers encore ; la métallurgie s'est maintenue, elle emploie 1,500 ouvriers ; enfin, la chapellerie en a conservé 150. En somme, c'est toujours un centre considérable.

C'est la ville industrielle banale, noire, aux rues droites, sans cesse couverte de fumée ; mais son grand fleuve, ses ruines féodales, les beaux platanes qui couvrent ses places et ses quais lui ôtent un peu de la laideur des centres métallurgiques. La ville primitive, bâtie à l'entrée d'une gorge profonde, est fort curieuse encore par ses vieilles maisons, ses étroites ruelles aux noms d'autrefois. J'y ai traversé, entre des fenêtres aux fines nervures, sous de grands auvents abritant des galeries à l'italienne, la rue Carême-Entrant, la rue Puits-Ollier, la rue Cocarde, la place du Suel. Le *suel*, dans cette région, c'est l'aire à battre le blé ; or, il y a beau temps que les Givordins n'en battent plus.

Les collines qui dominent la ville sont abruptes ; la roche noire se dresse partout, mais entre des prairies d'un vert intense et des vignes de belle apparence, replantées depuis quelques années. Sur l'une d'elles je rencontre des ouvriers chapeliers faisant le lundi avec d'autant plus d'entrain que la veille ils ont eu leur fête annuelle de la chapellerie. Ils sont allés en cortège donner des aubades aux patrons, ils ont dansé ; aujourd'hui ils boivent le petit vin du pays.

Sauf son site à l'un des grands coudes du Rhône, Givors n'a donc rien de bien intéressant. En route pour Chazelles. Ce n'est pas un petit voyage ; il nous faut traverser toutes les montagnes du Lyonnais, mais quelle superbe excursion !

Traversons le Gier. Ce fut une claire rivière, courant entre les aulnes au sein d'un paysage idyllique, au pied de montagnes verdoyantes couvertes de châtaigniers et semées de villages. Il y a quarante ans encore, des orpailleurs tamisaient les sables du Gier pour y recueillir les parcelles d'or arrachées par les eaux aux flancs du Pilat. La récolte de l'or ne nourrit plus son homme ; le dernier orpailleur se faisait trois francs par jour.

L'eau claire est devenue noire et fétide, les égouts des villes industrielles ont transformé le Gier en sentine ; heureusement le courant est fort, les pluies d'orages ont vite fait de laver le thalweg.

Nous suivons, entre les bois, un chemin qui s'élève rapidement sur les flancs de la colline pour atteindre un vaste plateau dénudé, mais couvert de riches vignobles et formant terrasse au pied des monts du Lyonnais. Les villages sont opulents ; l'un d'eux, Saint-Andéol-le-Château, a encore de vieilles portes de ville. A partir de là, on monte insensiblement et les montagnes semblent grandir. Derrière nous, c'est le gigantesque Pilat, aux croupes puissantes ; devant c'est le mont de Riverie, dont les ravins se continuent dans le plateau, en fissures d'une étonnante profondeur. A partir de Saint-Maurice-sur-Dargoire le paysage change ; nous sommes déjà en montagne ; l'aspect des maisons, l'étendue des pâturages, la rareté de la vigne indiquent une nature nouvelle. On continue à monter ; on dépasse bientôt cinq cents mètres d'altitude pour atteindre Saint-Didier-sous-Riverie. Ce gros village est tapi au pied même des crêtes et dominé par le sommet de Riverie, que recouvre un village. Une route à pente rapide, aux lacets nombreux, y conduit ; mais en vingt minutes, par un sentier courant entre les rochers et les prairies ombragées de poiriers et de pommiers, le piéton atteint Riverie.

Le village lui-même n'a rien de curieux ; sa situation sur l'un des cols les plus faciles entre le Rhône et la Loire en avait fait une place importante ; son mamelon fut enfermé entre des murailles et commandé par un château ; les habitants, privés d'espace, ont dû bâtir leurs maisons fort hautes sur des rues étroites.

Ce que l'on va chercher à Riverie, c'est le panorama, un des plus beaux de France. De cette plate-forme étroite, située à 800 mètres au-dessus de la mer, on découvre à la fois les Alpes, les Cévennes, les monts du Forez et de l'Auvergne. Le Pilat se dresse de l'autre côté de la vallée du Gier, si près, que les villages de sa base se distinguent dans leurs moindres détails. Au soleil couchant, la superbe montagne est d'une grandeur et d'une magnificence inexprimables. Les rayons obliques font ressortir les bois de châtaigniers et de noyers, les petites prairies, les cultures étalées en damier, en ce moment d'un coloris superbe : nappes ondulantes des blés, incarnat des sainfoins ou des colzas ; une zone de prairie se poursuit plus haut ; au delà sont les bois de sapins, puis des crêtes fauves, le pic des Trois-Dents formé de trois sommets atteignant 1,034 mètres, au-dessus le

Crêt de l'Œillon à 1,365 mètres, enfin le point culminant, le Crêt de la Perdrix à 1,434 mètres ; c'est 1,300 mètres au-dessus du Rhône qui coule au pied de la montagne.

Cette borne gigantesque rend plus profond encore l'horizon lointain du Dauphiné. La nuit descend ; à peine ai-je le temps de voir les gradins successifs des Alpes que tout s'efface, mais le sommet neigeux des plus hauts pics reste illuminé. Bientôt une seule masse est éclairée dans la nuit, c'est le sommet du Mont-Blanc : il s'évanouit à son tour.

Riverie est une station d'été pour les Lyonnais ; son unique hôtel, vieille et cordiale hôtellerie du passé, est envahi pendant l'été. J'y étais seul cette nuit. La table était dressée dans la salle commune où les villageois viennent boire leur chopine du dimanche, car ici on ne boit que du vin du pays ; les jours d'orgie on y ajoute de la limonade. A peine entrés, les jeunes gens se mettent à chanter de vieilles, très vieilles chansons. Dans ce milieu, dans la salle faiblement éclairée, tout cela est exquis.

A quatre heures et demie du matin, l'hôtesse m'appelle, le déjeuner est prêt, des œufs, du fromage, du vin, du café, de l'eau-de-vie du pays. Mon dîner qui avait été copieux, ma chambre très propre et claire, mon déjeuner, tout cela forme une addition de 4 fr. 50 c. Le pourboire me vaut des remerciements émus. L'âge d'or, vous dis-je Hâtez-vous d'aller à Riverie avant qu'on ait installé là-haut un funiculaire et un Continental-Hôtel. Mais il n'y a que huit lits à l'auberge.

Je suis parti de bonne heure pour jouir du lever du soleil, non plus des hauteurs de Riverie, mais du point culminant de ces montagnes. Un chemin conduit par les crêtes, entre les pentes dont les eaux vont rapidement au Rhône, et celles qui descendent à la Loire par la Coise. De vastes prairies entourent de grandes fermes, solides, trapues, solitaires. Les sommets encombrés de blocs désagrégés de granits sont couverts de bois de pins. On atteint bientôt un village qui domine les deux versants, c'est Saint-André-la-Côte. Au-dessus du mamelon couvert de bois est le point dominant du massif; il atteint 937 mètres. On y accède par un sentier entre les rochers.

Au sommet est un signal de l'état-major, pilier de maçonnerie établi sur le roc terminal, dont les aspérités ont été aplanies. La vue est immense, plus vaste encore que celle de Riverie; de là on découvre toute la chaîne du Forez, dont les hautes cimes conservent des stries de neige; le géant de ces monts, Pierre-sur-Haute, dresse, à 1,640 mètres, sa robuste croupe, toute blanche. Les Alpes sont noyées dans les vapeurs, le Pilat a sa base masquée par les montagnes de Riverie. Aussi le tableau, quoique merveilleux, est-il moins beau que celui de Riverie ; mais les monts du Lyonnais se présentent d'ici dans leur ensemble, couverts de gros villages, bâtis de préférence près des crêtes ou des cols, tels Duerne et Saint-Martin-d'En-Haut, leurs toits rouges tranchant sur le vert sombre des bois, des prés et des cultures. Malgré l'altitude, qui serait grande pour les Vosges, par exemple, il règne ici une lumière, une douceur d'atmosphère exquise. C'est déjà le Midi.

Du signal de Saint-André, un chemin dévale dans un abîme de verdure jusqu'à la vallée de la Coise. Cette rivière aux eaux claires a de petites cascades mutines ; elle coule entre de hautes et belles montagnes dont, en ce fond, on aperçoit à peine les sommets. Peu de maisons sur la route. Un rocher que contourne le torrent porte les tours et les remparts démantelés du château de Vaudragon. Le chemin reste désert, à peine de rares attelages de bœufs ou les chars à bancs des laitiers venant chercher les seaux de lait pour les fromageries. Enfin, au loin, apparaît une ville sur une hauteur, une église d'allure féodale, quelques tours, des débris de rempart, c'est Saint-Symphorien-sur-Coise.

La ville a des rues étroites, mais très propres ; on la devine prospère. Malgré l'éloignement des chemins de fer, elle a de l'industrie ; ce fut une cité de cordonniers, la Convention l'appela *Chausse Armée* ; on y fait encore des chaussures. C'est un petit Chicago ; une usine où travaillent quarante ouvriers débite cent porcs par semaine et les transforme en saucissons de Lyon. Enfin, un petit atelier de chapeaux de paille s'est prodigieusement développé depuis quarante ans. Là viennent d'Italie, de Chine, du Japon les pailles tressées ; elles y sont cousues par des machines qui font chacune 120 chapeaux par jour ; des presses leur donnent la forme ; chaque presse arrive à 300 chapeaux ; une même en fait 1,200 ! Rien d'ingénieux comme cette installation qui se transforme sans cesse selon les progrès de la mécanique.

En résumé, cet établissement livre chaque jour de 4,000 à 5,000 chapeaux de paille ; 300 ouvriers ou ouvrières y préparent les 1,200,000 fr. de produits. L'usine a fait élever la population de 1,800 à 2,600 habitants, mais on n'a pu trouver un personnel suffisant ; on a créé d'autres fabriques à Thônes, en Savoie, à Saint-Julien, dans le Velay, enfin 80 jeunes filles envoyées par l'assistance publique de la Seine y sont employées dans un atelier spécial sous la surveillance des sœurs. Elles y restent de quatorze à dix-huit ans ; à cet âge on leur a fait économiser une petite dot : 500 fr. Elles ont une santé florissante qui fait plaisir à voir.

N'est-il pas curieux de trouver une telle industrie dans une bourgade à trois lieues de toute gare, car elle n'a pas de voie ferrée malgré des marchés considérables où les échanges atteignent sept millions par an, malgré la beauté du pays qui attirerait les touristes s'il était plus accessible?

Cette beauté, la contrée la perd entre Saint-Symphorien et Chazelles ; on a toujours le bel horizon des montagnes, mais on parcourt un plateau monotone. Chazelles même est sur une ride de terrain sans caractère, c'est une ville industrielle, grise et triste, elle n'a d'animation qu'à la sortie des usines. Ici, en effet, la chapellerie mécanique a son siège le plus considérable. Selon la formule célèbre, le lapin y fait entrer sa peau à un bout et en sort chapeau. Tout se fait par la vapeur ; quand on a parcouru ces immenses ateliers et admiré la prestigieuse rapidité des machines, on comprend que les fouleurs de poils de Saint-Symphorien-d'Ozon et de Grigny, les teinturiers et les garnisseurs de Lyon aient été réduits en nombre ; on comprend surtout la vogue du « trois françois ». On a tort de crier contre les retapeurs de vieux chapeaux, comme on le fait à Paris, dans le but faire cesser le bas prix des coiffures, c'est la machine et la laine qui ont amené cet avilissement.

X

DE VICHY A THIERS

Les Cévennes sous la pluie. — Vichy. — Au pays des eaux minérales. — De Vichy à Thiers. — Paysages d'Auvergne. — Chez les coutelliers. — De l'emploi du chien contre les rhumatismes. — L'industrie thiernoise.

Thiers, 20 mai.

Le soleil était superbe, avant-hier matin, quand j'ai quitté Vals pour traverser les Cévennes[1]; il brillait encore lorsque j'ai visité la modeste exploitation de houille de Prades, où les galeries, les puits, les petits chemins de fer n'ont pu détruire le caractère agreste du site; je comptais en profiter pour monter à la coupe de Jaujac, ce cratère de forme si régulière que la carte de l'état-major lui a fait un honneur que les accidents du sol n'ont pas toujours: Le cirque creusé au sommet de la montagne est indiqué par ces mots: *Cratère de volcan*. Déjà ses lignes régulières appa-

---

[1]. Cette région sera décrite dans la 10ᵉ série du *Voyage en France*.

raissaient et je me préparais à l'ascension, quand le ciel s'est couvert, une pluie formidable, comme les Cévennes seules en connaissent, s'est mise à tomber, pendant que les nuages voilaient les sommets ; il a fallu abandonner la partie et poursuivre mon itinéraire pour gagner le chemin de fer de Nîmes à Saint-Germain-des-Fossés, d'où je veux aller visiter le Forez et rentrer à Lyon. Hélas ! la pluie ne m'a pas quitté ; c'est sous un déluge persistant, au-dessous d'impénétrables nuées, que j'ai traversé le Tanargue et atteint, à Luc, la vallée de l'Allier. Toute la nuit encore il a plu. A Clermont, le puy de Dôme était invisible ; je suis venu attendre à Vichy la fin de ce déluge.

Au matin le soleil a paru. Plus de traces de nuages, Vichy s'éveille joyeux. Sur les allées bitumées du vieux parc c'est un trottinement incessant. A peine fait-il jour et déjà les baigneurs accourent aux sources. Foule très bigarrée, car le monde entier défile, mais les Méridionaux dominent, ou plutôt les Latins. En parcourant les groupes qui se rendent à la Grande-Grille, aux Célestins ou à l'Hôpital on est surpris d'entendre aussi fréquemment la langue de Cervantès ou celle de Camoëns Non seulement l'Espagne et le Portugal sont ici, mais toutes leurs colonies, toutes les républiques

qui en ont essaimé viennent à Vichy ; puis ce sont les Algériens et nos méridionaux qui affluent ; ils trouvent à la fois une médication pour leurs estomacs fatigués et une station d'été exquise. Malgré ce mélange de races, Vichy conserve son caractère d'extrême élégance ; si la mode a fait naître ou lancé bien des stations nouvelles, la petite ville du Bourbonnais n'en est pas moins restée la ville de bains la plus fréquentée. C'est pourquoi je n'aurai pas la naïveté de parler longuement de Vichy ; on a dit de lui, il y a beau temps, tout ce qu'on en peut dire. Vichy n'a pas changé d'ailleurs, tel on l'a vu il y a trente ans, tel il est encore aujourd'hui, peut-être pourrait-on trouver que le développement de l'établissement n'a pas répondu à l'affluence toujours croissante des baigneurs. Le Casino, autrefois le plus bel établissement de ce genre, est bien dépassé par les stations thermales d'importance moindre. Les sources appartiennent à l'État ; il ne veut rien faire, et la compagnie fermière n'ayant pas dix ans de bail à courir ne se soucie guère d'entreprendre des travaux dont elle ne pourra peut-être pas profiter. On va donc au petit bonheur dans les agrandissements ; on fait le strict nécessaire pour que les baigneurs et les buveurs puissent largement utiliser les dix sources et les quarante millions de litres de l'établissement. Ce qui existe est déjà parfait ; à l'ancienne organisation des bains de 1re, 2e et 3e classe on a ajouté dans la première classe des appareils pour bains de chaleur sèche ou de vapeur en applications générales ou locales.

A ce point de vue, les installations sont suffisantes, mais Vichy rêve de les agrandir encore et de créer de nouveaux services balnéaires ; on voudrait construire un second casino, plus vaste, recevant des auditeurs plus nombreux pour les représentations de comédie et d'opéra-comique. Les projets sont prêts, le jour où l'on pourra les mettre à exécution, Vichy n'aura rien à envier comme splendeur aux créations récentes.

Nulle ville balnéaire ne se prête mieux à une telle transformation. Alors que beaucoup d'autres, enfermées au fond de gorges, ont peine à s'étendre, la riante cité, assise dans son ample paysage, au bord de la large rivière de l'Allier, peut s'accroître sans cesse, à la rencontre de Cusset, sa voisine. Au delà de l'Allier, autour de ses belles promenades, il y a place encore pour une grande ville, digne de l'élégante cité actuelle. Vichy, malgré ses prétentions industrielles, n'est et ne sera jamais qu'une cité de bains riante et joyeuse. Les fameuses toiles de Vichy, dont quelques magasins font étalage, ne se fabriquent pas là ; on n'en tisse pas une seule pièce ; cette industrie est concentrée à Roanne et à Thizy, où je serai bientôt. Toute l'activité de Vichy est due aux eaux : autour des sources, une industrie curieuse est née, celle des pastilles et sels de Vichy. Et, là encore, il faut avoir quelque méfiance, sels et pastilles vendues dans les boutiques viennent le plus souvent de... Paris. Seule la compagnie fermière a installé la fabrication au moyen des sels extraits des sources. Son usine n'est pas la partie la moins intéressante de l'établissement. Cette fabrication, la mise en bouteilles et l'expédition nécessitent des centaines d'ouvriers. Par là surtout, par l'activité de ses ateliers, Vichy prend place parmi les centres les plus commerçants du pays.

Jadis Vichy était le bout du monde ; sa gare était un terminus, le plus bruyant, le plus vivant, le plus grouillant de tout le réseau français pendant la saison des bains. Aujourd'hui, son animation s'est encore accrue, mais les locomotives vont plus loin, elles remontent les rives de l'Allier et de la Dore, et permettent ainsi aux baigneurs de visiter une partie de l'Auvergne, peu abordable autrefois. Thiers, notamment, est devenu une excursion facile, grâce aux trains spéciaux qui y conduisent baigneurs et touristes.

Le voyage est intéressant. On traverse au départ une région qui, par le nombre des sources minérales, rappelle Vals ; à Saint-Yorre, notamment, il n'y a qu'à creuser le sol pour rencontrer des eaux alcalines ; aux abords de la gare, ce ne sont que constructions : les unes vastes, les autres fort modestes abritant des sources et des appareils de mise en bouteilles. Mais il n'y a pas de stations de bains, ce ne sont là que des eaux de table. Saint-Yorre est non loin de Busset, dont le château célèbre est pour Vichy un but de promenade.

Le chemin de fer court dans les vallées de l'Allier et de la Dore, larges, vertes, ensoleillées, mais sans grand caractère. Les coteaux qui les bordent sont bas, mais, par delà, on aperçoit les sommets du puy de Dôme et des autres monts d'Auvergne. Bientôt les monts du Forez surgissent. Faisant face à ces volcans éteints, la chaîne forézienne, très régulière, s'aligne comme une longue muraille noire, encore blanche de neige par endroits. Aux flancs de ces monts d'aspect régulier Thiers accroche ses maisons, dominant la vallée tourmentée de la Durolle.

L'ascension de la montagne par la voie ferrée commence au fond même de la vallée, non loin de la Dore, dont les rives bordées de noyers et de chênes sont ici très vertes et agrestes. A peine le chemin de fer, dépassant le hameau de Courty, a-t-il commencé à s'élever que les sapins apparaissent, mettant au milieu des chênaies leurs groupes d'un vert sombre. Le ravin de l'Orson, aux flancs duquel monte le train, rappelle par sa végétation certains coins de Bretagne vers Quimper; mais la lumière est plus pure, les vignes et les noyers se mêlent au granit et aux chênes. Le paysage s'élargit, la locomotive conduit le train sur des pentes fortement éclairées, et bientôt la large vallée de la Dore semble se creuser plus profonde. A mesure qu'on s'élève, on voit, une à une, surgir les cimes des monts d'Auverge, aux formes bizarres : cônes, pyramides, tables. Le puy de Dôme se dresse en avant du massif, comme une borne immense; derrière lui une infinité de « dômes », quelques-uns blancs de neige, d'autres bleuis par l'éloignement et baignés dans une atmosphère d'une limpidité exquise. Le chemin de fer se tord de collines en collines, nous présentant sous des aspects changeants l'immense étendue de la Limagne et le chaos harmonieux des monts d'Auvergne.

La campagne, de chaque côté de la voie, est charmante; elle semble composée pour le plaisir des yeux; les vignes, les arbres fruitiers, les prairies se succèdent ; çà et là des hameaux ou des maisons aux toits plats, d'aspect bien méridional. Ce paysage est d'une douceur joyeuse, la lumière y est vibrante et tranquille à la fois. Et toujours, au loin, sans cesse grandissant, le groupe des volcans d'Auvergne, et toujours plus profonde la vallée de la Dore. Ces approches de Thiers sont une des belles choses de notre France. Le site de la ville, tel qu'on l'aperçoit brusquement à une dernière courbe du chemin de fer, est d'une rare magnificence ; les montagnes robustes, hardiment découpées, dominent de très haut la gorge de la Durolle ; elles seraient austères sans les groupes de noyers et les petites prairies accrochées à leurs flancs.

La gare surplombe la ville et la gorge. Le chemin de fer n'a pu pénétrer en suivant la Durolle ; cette petite rivière est une série de cascades. La pente est trop forte pour une locomotive ; en outre, le fond du vallon est fort étroit, on n'a pu même tracer partout une route sur les rives du torrent. C'est par des sentiers à pic, par des galeries dans le roc qu'on gagne une partie des usines installées sur les chutes de la Durolle.

La vie commerciale est donc sur l'étroit plateau qui couvre une petite presqu'île. La gare est au point culminant ; de là on a une vue merveilleuse sur une grande partie de l'Auvergne jusqu'au Mont-Dore. Naturellement le chemin a fait naître une large voie près de la gare ; la route, bordée de hautes constructions, est quelconque, mais dès qu'on a atteint la ville proprement dite, les joies du touriste commencent. Les rues étroites et rapides sont bordées de vieilles maisons, noires et branlantes, sculptées et contournées. Toutes ces rues grimpent, se tordent, dévalent, présentant à chaque instant de nouveaux aspects sur les montagnes, sur la gorge profonde de la Durolle, sur les chutes d'eau qui font mouvoir par dizaine les roues des ateliers. Aucune autre ville en France n'a si bien mis à profit les forces travailleuses de son cours d'eau. Il est vrai, bien peu de rivières ont une pente aussi considérable ; c'est un véritable escalier de cascades, profondément encaissé entre des masses de porphyre. A chaque marche, le courant conduit sur les roues fait mouvoir des martinets, tourner les poulies de petits ateliers ou les machines de vastes papeteries. Les coutelleries surtout abondent. La coutellerie fait la vie même de Thiers ; il n'est pas un quartier de la ville, sur le plateau, sur les pentes, au fond de la gorge dans lequel on n'entende frapper sur l'enclume, d'où ne s'élève la fumée des feux de forge. Thiers et le village voisin de Saint-Remi ne comptent pas moins de 500 à 600 fabricants de coutellerie. Dame, il ne faut pas entendre, par ce mot « fabricants », de très grands industriels : beaucoup ont à peine un ou deux ouvriers ; d'autres louent la force motrice pour leur travail, surtout pour l'*émoulage* ; pour 0 fr. 50 c. par jour et par place, un ouvrier travaillant pour son compte ou pour un petit patron a droit à la force motrice de la Durolle. Quand les eaux sont trop basses, les moteurs à gaz remplacent le moteur hydraulique et le taux de la place est élevé de 0 fr. 25 c.

Entrons maintenant, au hasard, dans ces usines. Voici un des rares établissements où les procédés mécaniques n'ont pas encore remplacé la main-d'œuvre de l'ouvrier. Ici on ne fait que la coutellerie de luxe. Des bandes d'acier de Firminy sont découpées, l'ouvrier frappe à coups de marteau l'acier rougi au feu et obtient d'abord la *soie*, c'est-à-dire la tige qui doit être fixée dans le manche ; puis, sous le marteau, la lame qui doit aller neuf fois au feu pendant cette opération, s'allonge et prend forme ; l'épaulement qui recouvrira l'entrée du manche est obtenu par le refoulement dans une matrice. La lame passe ensuite à l'ouvrier limeur qui la calibre au moyen d'un gabarit ; de là elle arrive à une meule d'émeri où elle est blanchie. Après on y met la marque du client ; nous n'apprendrons rien à personne en disant que les inscriptions placées sur les couteaux et donnant le nom d'un coutelier de Paris ou d'une autre ville sont très souvent de pure fantaisie, les couteaux viennent de Thiers, de Langres ou de Châtellerault.

Quand la lame est blanchie et marquée, elle est trop flexible pour être utilisée ; on la trempe à l'huile de colza, ce qui la rend cassante, mais le recuit lui donne les qualités de flexibilité que nous connaissons.

De ces manipulations, le couteau sort passablement noir ; alors il est livré aux émouleurs, particularité vraiment curieuse de l'industrie de Thiers. La meule tourne presque au ras du sol : devant elle, une planche juste assez large et longue pour un homme. Là-dessus s'allonge l'ouvrier, qui, tenant la lame fixée par des tenailles sur une bande de bois, la présente à la meule et bientôt la lame devient blanche et éclatante. Ces ouvriers travaillent dans une humidité et une fraîcheur perpétuelles, près des eaux qui bondissent et écument, souvent dans des galeries qu'il a fallu creuser dans le rocher pour établir l'usine. Le froid humide qui sévit près des meules trempant dans l'eau courante a fait naître une coutume singulière, qu'on trouverait difficilement ailleurs ; du moins je ne l'ai rencontrée qu'à Thiers. Chaque ouvrier a près de lui un chien, roquet ou bull-dog destiné à lui chauffer le dos. Aussitôt l'émouleur installé à plat-ventre sur sa planche, le chien, d'un bond, se jette sur ses reins et s'allonge, restant immobile tant que son maître est à la besogne. C'est une stupéfaction, si l'on n'est pas prévenu, que l'aspect de ces salles basses, où des corps étalés devant des meules supportent des chiens endormis.

Ce travail d'émouleur pourrait évidemment être modifié et s'accomplir dans des conditions meilleures pour l'ouvrier, mais il serait malaisé sans doute d'obtenir une transformation. De tout temps, à Thiers, on a aiguisé ainsi ; il faudra un siècle peut-être pour obtenir l'abandon des vieilles coutumes. J'ai raconté, à propos d'Imphy, l'obstination des ouvriers à repousser toute précaution dans le travail de la meule[1].

L'emploi des chiens paraît être chose récente. Dans un livre fort curieux : la *Coutellerie thiernoise*, par M. Gustave Saint-Joanny, publié en 1868 et racontant l'histoire de cette industrie, il n'y a pas

---

1. Voir la 1re série du *Voyage en France*, page 51.

la moindre allusion à cette singulière coutume. Et cependant M. Saint-Joanny a fort abondamment décrit cette industrie telle qu'elle existait avant la machinerie moderne, telle qu'elle existe encore dans beaucoup de petits ateliers thiernois. Sa description très vivante, pleine de couleur locale, mérite d'être rappelée au moment où la grande industrie commence à transformer une organisation séculaire :

« Le caractère distinctif de notre fabrique, personne ne l'ignore, c'est l'extrême division du travail ; il en a été ainsi de tout temps et ancienneté. Avant d'arriver au point de perfection nécessaire pour le livrer au consommateur, le couteau passe par bien des mains. Chaque partie qui le compose est travaillée par des ouvriers différents et la même partie exige le concours de plusieurs personnes. De cette manière de faire résultent deux avantages également inestimables : d'abord la facilité pour le fabricant de produire plus vite, mieux et à meilleur marché ; puis la nécessité d'employer un grand nombre d'ouvriers ; par suite, la possibilité de faire vivre de leur travail le plus de monde possible. Nous insisterons plus loin sur ce point essentiel ; actuellement, passons rapidement en revue nos ouvriers couteliers :

« En première ligne figure le *martinaire*, à qui

le fabricant livre l'acier et le fer en barres ; il est un des riverains de notre pactole thiernois, notre rivière de Durolle. Son instrument, c'est le marteau, mais quel marteau ! Pour l'emmancher il n'a fallu rien moin qu'un *arbre*; il peut frapper

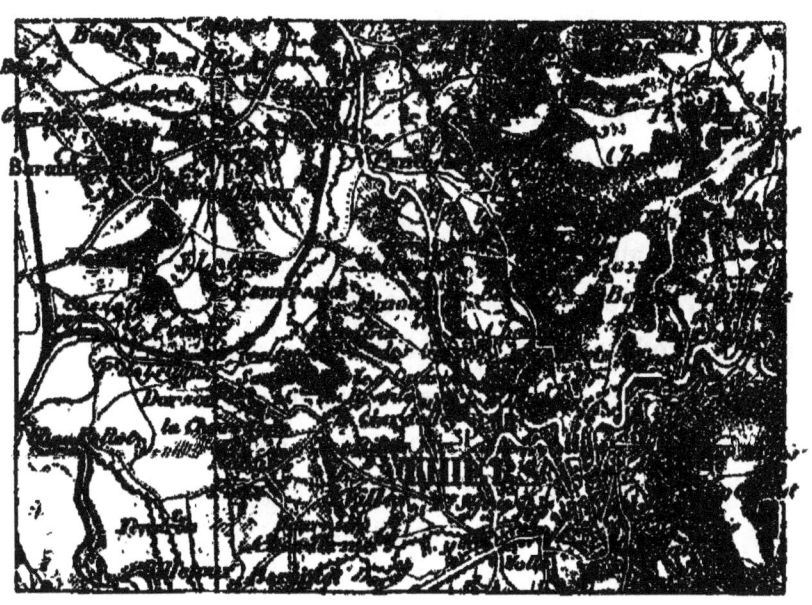

de 200 à 500 coups par minute. Son nom spécial est martinet. Il se meut par l'action d'une roue qui tourne à l'extérieur, plongeant et replongeant sans cesse dans la Durolle et laissant retomber en poussière humide l'eau que ses aubes ou auges fouettent ou soulève à chaque tour. Tandis que la roue tourne, le marteau se lève et retombe pour

se soulever encore, Dieu sait avec quel bruit! aplatissant, étirant, allongeant la barre que lui présente le martinaire et la réduisant aux dimensions voulues pour la fabrication.

« Au martinaire succède le *forgeron* qui, de son lourd marteau, mû par son bras nerveux, bat à nouveau l'acier ou le fer pour lui donner la forme de la lame, de la platine et du ressort. Après le forgeron, le *limeur* ; après le limeur, le *perceur* ; après le perceur, l'*émouleur*, le *polisseur*, le *plaqueur*, le *mitreur*.

« Tandis que ces divers ouvriers façonnent ainsi et préparent les diverses pièces qui doivent composer le couteau : lames, filatures, ressorts, mitres ; de leur côté, travaillent ceux qui préparent le manche. Au bruit des marteaux frappant sur l'enclume, des limes qui mordent l'acier en grinçant, se mêle le bruit strident des scies. *Scieurs* d'os, de corne, de buis, d'ébène ou de bois de jaspe, voire simplement de bois teint ou de matières plus précieuses, ivoire, écaille, nacre ; tous sont à l'œuvre. Avant d'être livré, l'os devra passer par les mains du *blanchisseur* qui, pour lui donner le teint blanc et mat, aligne et fait sécher les manches sur son toit. La corne exigera le ministère du *cocheur* ou *redresseur* de corne.

« Quand arrive le dimanche, ouvriers de la ville et de la campagne apportent chez le maître l'ouvrage de la semaine. Toutes les parties du couteau étant ainsi rassemblées, le maître les donne au *monteur*, dont le nom indique assez la spécialité ; du monteur le couteau passe au *mitreur*, chargé de polir et façonner la mitre ; du mitreur au *poseur* ; puis à l'*uffileur*, à l'*essuyeuse*, et finalement au *plieur*.

« Voilà pour le couteau ; quant au ciseau, outre le martinaire, le forgeron et le limeur, il emploie successivement l'*ajusteur*, qui ajuste les deux branches et les perce, le *dresseur*, qui donne aux lames la voilure convenable, l'*émouleur en premier*, le *taraudeur*, chargé de la confection des vis et du taraudage, la *rajusteur*, qui lime à nouveau branches et lames, l'*acheveur*, qui donne un dernier coup de lime aux branches et anneaux, l'*affileur en premier*, qui dispose les tranchants à la coupe, le *rifleur*, qui fait pour la lame ce que l'acheveur a fait pour le reste du ciseau, le taraudeur déjà nommé qui enlève la vis, le *trempeur*, le *redresseur*, qui répare le gauchissement produit par la trempe, l'*émouleur en second*, qui travaille seulement l'intérieur de la lame et l'arête des tranchants, la *frotteuse*, chargée d'enlever la couche d'oxyde laissée par la trempe sur les branches et anneaux, le taraudeur (nommé pour la troisième fois), qui assemble de nouveau les branches en posant la vis, l'*affileur*, le *polisseur*, l'*essuyeuse* et, enfin, le *plieur*. »

L'industrie thiernoise a conservé par bien des côtés cet aspect primitif.

XI

DE THIERS A PIERRE-SUR-HAUTE

La coutellerie mécanique à Thiers. — Articles d'exportation. — Le papier du Timbre. — Dans les monts du Forez. — Noirétable. — Couzan. — Ascension de Pierre-sur-Haute.

Scierie de Lapra, 21 mai.

Une industrie comme celle de Thiers, ayant de longues racines dans le passé, ne peut se transformer complètement. Les machines mettront sans doute longtemps encore avant de remplacer la main de l'ouvrier. Le travail, d'ailleurs, se fait à bas prix, les ruisselets de la montagne fournissant gratuitement la force motrice à de minuscules usines où le montagnard travaille, tout en cultivant son champ ou en exploitant son bois. Dans ces conditions, l'ouvrier, ayant l'aide de sa femme et de ses enfants, peut donner une main-d'œuvre à si bas prix que la concurrence semble impossible. D'ailleurs, la division du travail a amené une telle dextérité que la machine ne peut présenter d'économie, sinon pour les articles d'exportation. Toute la semaine, fort loin à la ronde, le marteau résonne sur l'enclume ; le bois, la corne, l'os, se travaillent dans un rayon de cinq lieues autour de Thiers. Le dimanche matin, tous les ouvriers se mettent en route pour la ville, portant un sac de toile ou « bichasse » renfermant le travail effectué pendant la semaine. Le soir, ayant touché leur salaire, ils rentrent au village, avec les objets qu'ils auront à monter ou à transformer.

Ce côté de l'industrie de Thiers est le plus pittoresque. Du reste, tout est curieux dans cette curieuse ville, ateliers ou magasins. Dans celles des usines où l'on fabrique en entier le couteau, on va de surprise en surprise. Ces hérissons disposés sur des rayons, sont des paquets de lames, dont les *soies* prennent un si rébarbatif aspect. Ces pantalons garance empilés dans un coin seront découpés en rondelles, mises les unes sur les autres, de façon à former un disque qui, placé sur une petite poulie et tournant avec une vertigineuse rapidité, servira à donner aux manches d'ivoire, de buffle, de bois ou de métal un éclatant poli. Qui donc s'attendrait à un tel destin pour les culottes de soldat ?

Dans certaines campagnes, on affectionne les couteaux de couleur voyante. Pour satisfaire ce goût, la corne et l'os sont rendus rouges ou imitent l'écaille par des procédés d'une étonnante simplicité : un bain de chaux et un peu de nitrate permettent cette transformation. Avec les déchets de nacre ayant servi à la fabrication des boutons et des *tibis* à Tinchebrai ou à Méru-sur-Oise, on incruste les manches et l'on a un objet qui, en Basse-Bretagne ou en Limousin, peut passer pour une œuvre d'art.

La coutellerie à très bon marché est en grand honneur dans les usines. Grâce aux procédés d'estampage, on a des couteaux à 7 ou 10 fr. la grosse. Il y a même des rasoirs à 4 fr. la grosse, c'est-à-dire les douze douzaines. Il paraît que ces rasoirs ont un vif succès dans les pays lointains ; on les estime surtout parce qu'ils font « chanter » la barbe.

Pour obtenir ces produits, le martinaire et le forgeron ne sont naturellement pas employés. Un balancier, une matrice frappant des aciers de qualité très secondaire suffisent. Un coup de balancier détache une lame de couteau, de rasoir ou de ciseaux, un autre fait l'anneau des ciseaux et enlève les bavures, le marteau-pilon fait rapidement la soie. Il ne reste plus qu'à aiguiser ou monter l'objet ; c'est l'œuvre du petit fabricant qui fait travailler à la campagne. On lui fournit également les viroles, les bouts de cuivre estampés, en un mot, tout ce qui servira à monter les couteaux.

La variété des produits est infinie. Tous les jours on voit naître des modèles nouveaux ou importer de l'étranger le modèle qu'on peut vendre au loin. Ces couteaux courts, appelés *crapauds,* sont destinés à l'Espagne, où nous les achèterons à notre premier voyage à Séville ou Tolède comme produits du cru. Voici des *machetes* pour couper les cannes à sucre aux colonies.

Voici encore pour l'Espagne : Thiers est le fournisseur de la marine espagnole; celle-ci achète en Auvergne un couteau en forme de poisson qui fait fureur chez les Andalous. En voici pour le Mexique et le Far-West; ils sont destinés à être mis dans une botte d'où on les tire au moment opportun. Voici des couteaux brésiliens, des roumains, des italiens, des saladeros... Il est peu de parties du monde où Thiers n'envoie ses couteaux de table et de poche, ses rasoirs et ses ciseaux. Même les coupe-coupe annamites viennent maintenant des rives de la Durolle.

A côté de la camelote qui sera vendue dans les foires de campagne ou servira sur les boulevards extérieurs de Paris au jeu de l'auneau, on fabrique à Thiers des articles de grand luxe. Dans une

usine qui a conservé les traditions des vieux *cos-
teliers* thiernois, j'ai pu admirer des couteaux à
monture de nacre, or et argent, qui sont de pures
merveilles.

Sauf dans certains articles connus, ne cherchez
pas sur les couteaux le nom d'un fabricant de
Thiers. Mais avec un peu d'habitude, la marque
de fabrique vous fera vite reconnaître l'origine
thiernoise d'un *eustache*. Ces marques, remontant
souvent à plus d'un siècle, ont un caractère archaïque réjouissant. Haumes, haches, violons,
épées, serpes, fleurs de lys, animaux, ustensiles,
lettres ou chiffres couronnés, etc., etc., semblent
des signes héraldiques. Il y aurait un chapitre
bien curieux d'histoire industrielle à écrire là-
dessus.

La coutellerie est devenue la branche principale
de Thiers; elle a fait naître des annexes telles
que la fabrication des objets en corne de cerf,
celle des boutons d'os au moyen des débris non
utilisés pour les manches et, enfin, celle des buscs
d'aciers. Mais c'est par la papeterie que Thiers
est née à la vie commerciale. Elle se vante même
d'avoir été, avec une autre cité d'Auvergne, Am-
bert, le berceau de la papeterie française. Ses
premiers papetiers ont essaimé par toute la France

et ont créé cette industrie à Annonay, à Angoulême, en Dauphiné. Quant aux usines de Thiers, elles sont devenues des coutelleries.

Une papeterie a survécu cependant, conservant pieusement les traditions de la papeterie ancienne. Là encore on fait le papier uniquement avec des chiffons de toile. De là sort le papier timbré, pour la justice ou les effets de commerce, le papier bleuté des huissiers, les papiers spéciaux pour les actions, obligations, titres de rente. Les rares administrations qui ont le souci de la conservation des archives se fournissent à Thiers. On sait quelles craintes fait éprouver l'emploi du papier de bois. On prévoit que dans moins d'un siècle une grande partie de nos livres et de nos journaux de collection auront disparu, mangés par les cirons ou tombés en poussière.

Pour remédier à ce danger, les Allemands ont été amenés à établir un laboratoire chargé d'examiner les papiers destinés aux administrations et d'obliger à l'emploi exclusif des chiffons. La mesure a été imitée chez nous, afin d'empêcher nos archives modernes de s'en aller molécule par molécule.

La fabrication du papier à la main, devenue une rareté aujourd'hui, s'est donc conservée aux bords de la Durolle. Il y a là, tant à l'usine principale qu'à la succursale du Pont-de-Séchalles, un groupe de 410 ouvriers, fabriquant environ 350 tonnes de papier à la forme. Là se prépare un papier de grand luxe pour les éditions d'art.

Tous ces papiers nécessitent un tour de main particulier. L'ouvrier qui puise la pâte dans la forme et l'égalise arrive à obtenir des feuilles d'un format, d'une épaisseur et d'un poids réguliers. Ces papiers, au lieu d'être séchés à la vapeur comme le papier sans fin du commerce et des journaux, sont disposés en des sécheries où ils atteignent le degré de siccité exigé par les agents du timbre.

La papeterie de Thiers est dans une des plus belles situations de la gorge. Nulle part les falaises ne sont plus hautes, nulle part la rivière ne roule de plus bruyantes eaux pendant son passage dans ce long défilé d'usines.

Quittons Thiers maintenant, pour traverser les monts du Forez. Le chemin de fer troue en tunnels une partie de la montagne. Entre les souterrains on domine, de très haut, la gorge, bordée de beaux rochers aux crêtes aiguës. La Durolle, tout au fond, se tord en méandres, bondit de chute en chute, gaie, mutine et travailleuse. Partout, à chaque tour de roue, nous découvrons de petites usines ; les ouvrières, la tête couverte de leur coiffe nationale, se penchent aux fenêtres pour voir passer le train.

La vallée s'élargit plus haut, les usines deviennent plus grandes. A la station de Saint-Remy-sur-Durolle, située près du hameau du Montel, ruche de couteliers, les maisons ont des rez-de-chaussée percés de larges baies vitrées pour donner plus de lumière aux monteurs et monteuses de couteaux et de ciseaux. La vallée s'élargit de plus en plus ; la Durolle, au lieu de tomber en cascades, est une claire rivierette de montagne, courant, bordée d'aulnes, au sein de prairies dominées par les monts ou « puys » boisés. Beaucoup de sapins sur ces hauteurs, beaucoup de fraîcheur sur ces pentes ; on pourrait se croire en pleines Vosges.

Dans un beau cirque, voici Chabreloche ; au-dessus, la haute flèche d'ardoises d'Arconsat. On continue de longer la Durolle, maintenant simple ruisselet entre des prairies ; elle ne fait plus mouvoir de coutelleries, mais elle est encore mise à contribution par les scieries. Des hameaux qui bordent la route montent des bruits de marteau sur l'enclume ; par les fenêtres ouvertes on voit polir et limer le fer. Chaque maison, ici encore, dépend des ateliers de Thiers.

L'hiver doit être rude à ces 700 mètres d'altitude. Les cerises étaient mûres à Thiers, ici les cerisiers sont encore fleuris. On a bien la sensation d'atteindre une ligne de faîte : des hêtraies, des landes remplacent les prairies et les champs. Nous sommes, en effet, au sommet des monts du Forez ; une grande partie de la chaîne apparaît, fort belle avec ses grands massifs de sapins.

La première station, sur l'autre versant, est à 750 mètres. Elle domine une jolie bourgade aux toits rouges, commandée plus haut par une montagne couverte de multiples cultures et de prairies et couronnée de sapins. C'est Noirétable, que le chemin de fer contourne par une immense courbe en descendant rapidement au bord de l'Auzon, une des rivières de l'*Astrée*. Le site est plus agreste, plus riant que le versant d'Auvergne. Les constructions sont plus pittoresques aussi ; le château de la Merlée a de vieilles tours entremêlées de bâtiments neufs, coiffés de rouge, du plus singulier effet.

L'Auzon se forme à vue d'œil, au-dessous même de la voie ferrée ; son lit est bordé de beaux blocs de granit. Des scieries s'y succèdent, puis ce sont des tanneries, très nombreuses, qui dépendent de Saint-Priest et de Saint-Julien, villages qui, avec leur voisin Saint-Jean, portent le surnom de « la

Vêtre ». Les chênes à tan abondent ici et expliquent la présence de ces petits établissements. L'Auzon coule dans une gorge très étroite, très boisée, mais trop courte, car bientôt la vallée s'élargit vers Saint-Thurin ; elle deviendrait banale sans les délicieux vallons qui s'entr'ouvrent sur ses flancs, sans les sites curieux, comme celui de Rochefort, sans les mœurs encore rustiques des habitants : j'ai vu dans un pré deux vieilles fileuses travaillant à leur quenouille.

Mon dessein est de coucher ce soir à Chalmazelle, pour faire demain matin l'ascension de Pierre-sur-Haute, le géant des monts du Forez. On y parvient par la station de Sail-sous-Couzan, d'où l'on a en passant une vue superbe sur les ruines de Couzan, une des plus belles apparitions féodales que je connaisse sur nos voies ferrées. Le château est juché au sommet d'un mamelon fièrement jeté en promontoire ; bien campé, chaudement coloré, ses deux enceintes flanquées de tours et drapées de lierre, il est, vu de loin, d'une merveilleuse et sauvage grandeur.

La route qui y conduit est sans cesse remplie de voitures portant des caisses d'eaux minérales ; au pied des ruines jaillissent d'abondantes sources gazeuses exploitées dans deux établissements, dont un est très considérable. La bourgade de

Sail y a gagné de prendre un peu le caractère d'une ville d'eaux, mais les touristes de Couzan et de Pierre-sur-Haute font la foule. Nous sommes ici au pays de l'*Astrée*; la région que nous allons traverser est celle où Honoré d'Urfé, un Forézien, a placé ses bergers et ses bergères. Ceux-ci ont disparu. Il reste le pays qui est grandiose; le château couronne un énorme rocher, couvert de lichen, dominant la vallée, où coule une rivière limpide. C'est le Lignon :

O rives du Lignon, ô doux fleuve du Tendre !

Le Lignon mérite le sort que lui a fait la littérature. Céladon, Sylvandre, Galathée et Hylas n'y sont plus ; ils n'y furent jamais sans doute, à en juger par les arrière-neveux des contemporains d'Honoré d'Urfé qui conduisent à la gare les produits des trente scieries du pays de Couzan ; mais il y reste les pentes boisées, le fond de prairies, et, au-dessus, les belles cultures. Une forte odeur aromatique et amère emplit la gorge aux flancs de laquelle, étroite, en corniche sur l'abîme, s'élève la route ; c'est le parfum d'une variété de genêts nains qui tapissent la montagne et montent en nappes d'or jusqu'aux formidables ruines de Couzan, dont ici l'apparence est plus tragique encore.

Les pins qui couvrent les parties les plus abruptes de la montagne donnent au paysage un caractère extraordinaire. Au lieu de croître en liberté, on les traite en taillis pour obtenir du bois de chauffage. Ils ont été écimés, ébranchés et forment bien les plus curieux bonshommes d'arbres qu'on ait jamais vus. Bas, tordus, contournés, ils semblent se lamenter sur leur sort.

La route quitte le Lignon principal pour remonter un autre lignon — nom générique des torrents du Forez — dont le vallon, au-dessus de Viol, — le Vial de la carte de l'état-major — offre un bel horizon de montagnes, d'un vert doux, sur lequel s'enlèvent vigoureusement les bouquets de pins. A Saint-Georges-en-Couzan, humble chef-lieu du canton qui a remplacé l'antique châtellenie de Couzan, on revoit de nouveau le fleuve du Tendre, très profond, dans une vallée étroite, mais très belle. Nous sommes fort haut maintenant, à près de 900 mètres. La végétation est celle de la montagne : myosotis, silènes et narcisses. Le fond est éclairé par les obliques rayons du couchant, faisant ressortir toute la gamme des verts, d'une grâce molle et indécise. Au loin apparaît l'immense plaine du Forez, sur laquelle un orage court.

Au-dessus de nous, bien loin, une lourde

croupe boisée, blanche par places, c'est Pierre-sur-Haute.

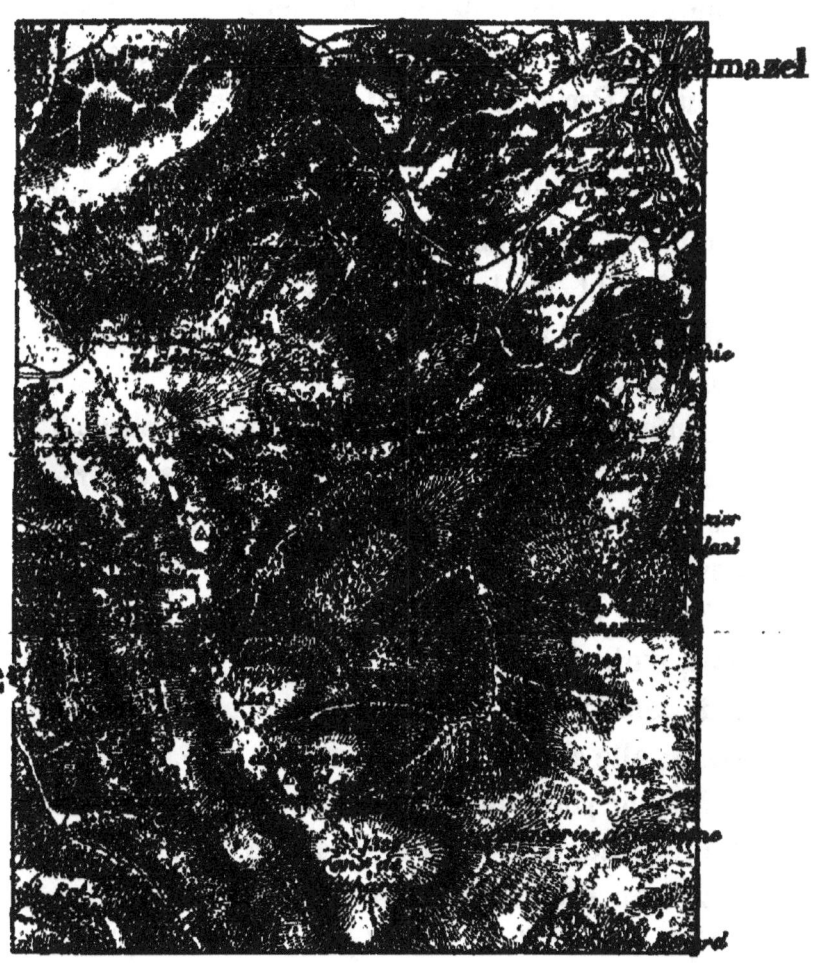

Nous montons toujours, plus doucement il est vrai. La nuit nous surprend; elle est descendue tout à coup. Un bruit d'eau, de roues de scieries, des scintillements de lampes annoncent enfin Chalmazelle. A l'hôtel on m'attend ; le guide chargé de me conduire me prévient que nous partirons à trois heures. « Il y a cinq heures de marche pour un Parisien », me dit-il. Nous verrons bien.

A trois heures, je suis prêt ; le guide se fait attendre. Pour un unique voyageur, l'hôtel est déjà debout. Du lait, des œufs, un pigeon ; il paraît qu'il faut manger tout cela pour aller à Pierre-sur-Haute.

Enfin, le guide arrive. En route ! Il pleut, il pleuvra longtemps. Pendant qu'il fait gris encore, causons avec mon compagnon. Il me parle de l'industrie du pays. On fait surtout du fromage, la « fourme » trouve à Montbrison un marché important, d'où elle gagne Saint-Étienne et sa région industrielle. On y envoie beaucoup de crème aussi ; elle s'y vend 50 centimes le litre.

Le jour point quand nous parvenons au sommet d'un coteau, d'où nous voyons Chalmazelle étalé entre son château aux grosses tours rondes, que d'Urfé a chanté, et une église neuve en pierre blanche alternant avec la lave de Volvic. Aussitôt après, nous descendons dans un vallon où court un nouveau Lignon, nous le traversons et, brusquement, nous voici en forêt, une forêt de vieux sapins, moussus et enchevelés de lichens, encombrée de blocs de granit. Un torrent y bondit ; de distance en distance sont des scieries primitives où l'eau est conduite par des tuyaux de bois. Ici, chaque habitant a sa part de forêt et sa part de scierie, dans laquelle il peut, pendant un temps convenu, débiter lui-même son bois. Un seul ouvrier suffit à faire marcher ces embryons d'usines, à peine couvertes de planches. C'est d'une sauvagerie inexprimable. Dans les bassins de retenue se jouent les truites.

Aux sapins succèdent les hêtres, de pauvres hêtres nains. Nous trouvons encore de la neige. La pluie a cessé quand nous sortons des bois pour atteindre de vastes pentes de pâturages, dans lesquels des maisons basses, en planches ou en blocs de granit, forment de petits hameaux. Ce sont les *jasseries*, où l'été viennent les vachers avec leurs troupeaux. En ce moment toutes les jasseries sont closes, les fenêtres en ont été enlevées pour que la neige ne puisse les défoncer. A travers les barreaux de fer on aperçoit ces pièces nues, sans la moindre trace de meuble.

A la saison, deux habitants par ménage montent aux jasseries, du moins ceux des domestiques qui ont du goût pour faire le fromage, car il faut une vocation, ne fait pas de la fourme qui veut.

Chaque vacherie renferme de 15 à 25 vaches. Le beurre et la crème sont descendus au village ; quant aux fromages, ils restent assez longtemps à la jasserie, où des commissionnaires viennent chaque semaine faire des acquisitions. Suivant la taille, une fourme bien à point vaut de 2 à 5 fr. Les pâturages de Pierre-sur-Haute nourrissent assez de bétail pour que les huit commissionnaires de Chalmazelle et des environs achètent chacun de 10,000 à 15,000 fr. de fromages.

Pendant qu'assis à l'entrée d'une jasserie j'inscris ces détails, des nuées accourent et nous enveloppent. Impossible de voir le chemin. Nous gravissons à même la pente neigeuse. Le guide plante des petits rameaux qui nous donneront le chemin du retour. Cela rappelle le Petit-Poucet. En avant donc! Il fait soif, nous arrachons sous la neige des racines de réglisse : c'est doux et ça désaltère. Enfin, voici un chaos de rochers, le sommet! Malgré le brouillard, nous trouvons le bloc de granit que surmonte une croix. Nous sommes à 1,640 mètres au-dessus de la mer. Le « Parisien » a fait la course en deux heures et demie.

O l'infernal brouillard! le vent froid et insupportable! Il faut faire du feu avec de la bruyère chassée par le vent dans les creux et des mousses. On a surtout de la fumée, elle enveloppe la croix de fer érigée *à la mémoire de l'abbé Tixier, aumônier du château de Barante. — 1873*.

Tiens, un rayon de soleil! Le vent a chassé les nuées ; au-dessous de nous des toits rouges, des pâturages ; ce sont les *burons* de la Richarde. Sur le versant ouest on appelle buron ce qui est jasserie à l'est. Ici le Forez, là-bas l'Auvergne. Les deux provinces sont ainsi tranchées dès cette limite.

L'Auvergne, elle apparaît : c'est la vallée de la Dore, verte, large, profonde, puis au loin des cimes et des dômes que des nuées basses, traînantes, couvrent et découvrent sans cesse ; de même vers le Forez, où nous avons tantôt de merveilleux horizons jusqu'aux monts du Lyonnais, et tantôt une mer mouvante de brumes.

Pierre-sur-Haute, cependant, n'a pas une vue comparable à celle de cimes moins élevées ; mais, par sa masse et sa situation à la limite de deux provinces si dissemblables, elle est une sorte de montagne sainte. Par un reste de traditions celtiques, les roches du sommet sont chaque année le théâtre d'une fête. Le dimanche après le 15 août, tous les troupeaux sont conduits près de la cime. Un autel est dressé, sur lequel le curé de

Saint-Pierre-la-Bourthonne, comme auvergnate, dit la messe et d'où il bénit la tribu mugissante des jasseries.

Après la bénédiction des vaches, on danse la bourrée aux sons de la musette et de l'accordéon ; ce jour-là tous les domestiques ont congé. Jadis ils allaient à Saint-Bonnet-le-Courreau, où avait lieu la *loue* des serviteurs ; les femmes portaient un tablier, les hommes un aiguillon. Cette partie de la fête de Pierre-sur-Haute n'est plus : on descend à Colleignes boire du vin d'Auvergne et l'on termine par la bourrée dans les scieries. C'est, avec la fête de la jasserie du Fousseau, la seule journée qui rompe la monotonie de l'existence dans ces alpages.

Aujourd'hui Pierre-sur-Haute est désert. Pas un murmure, pas un tintement de sonnette. Nous le quittons au moment où le soleil, enfin vainqueur des nuées, illumine le chaos de blocs granitiques qui coiffe chaque sommet du Forez. Le paysage se découvre dans toute sa splendeur Vraiment, toutes ces vallées où courent des lignons, ces bois de sapins, ces pâturages, ces horizons d'une majestueuse immensité[1], méritent qu'on fasse l'ascension.

XII

MONTBRISON, LA PLAINE DU FOREZ ET SAINT-GALMIER

Boën. — Le sous-préfet du *Panache* et les volcans de Montbrison. — Le mont d'Uzore et la plaine du Forez. — Montbrison. — Une ville déchue — Montrond, son château et son geyser — Saint-Galmier et ses sources.

Saint Galmier, 22 mai.

La descente de Pierre-sur-Haute est rapide ; en peu d'instants on a gagné les scieries du Lignon et rejoint Chalmazelle. De nouveau, voici Saint-Georges, les ruines de Couzan, et l'on descend par le chemin de fer la vallée du Lignon, quelconque ici, mais fraîche, mais abondamment arrosée par sa claire rivière. Elle ne tarde pas à perdre ce caractère. A peine a-t-on dépassé l'aimable petite ville de Boën, une des plus jolies du Forez, le Lignon débouche dans la plate contrée à travers laquelle il atteindra la Loire.

Du chemin de fer on découvre tout à coup l'immense plaine ; elle s'étend mélancolique, miroitante d'étangs, jusqu'aux montagnes du Lyonnais. Couverte de moissons, elle donne en ce moment une impression d'opulence. De son sein surgissent des mamelons de formes régulières, couverts de bois ou de cultures, à travers lesquelles perce la roche noire, lave ou basalte. Ces taupinières, de forme pittoresque, sont les témoins d'une activité plutonienne aujourd'hui disparue. Ce sont les fameux volcans du *Panache :*

— Ils avaient un volcan, et ils l'ont laissé éteindre !

ILS, ce sont les habitants de Montbrison, ville déchue ; elle n'est plus que le centre commercial de la plaine forézienne. Vers elle nous conduit le train, courant maintenant entre les monts du Forez et le mont d'Uzore, butte régulière que prolonge au sud une mince, longue et curieuse arête volcanique dominant la plaine de plus de 100 mètres. La station de Marcilly-le-Pavé permet de gagner l'antique volcan en contournant l'étang du Vernay, un des plus vastes de la plaine.

Le mont d'Uzore mérite une visite. Il a perdu le caractère sacré qu'il eut jadis, à en juger par les ruines qui le recouvrent et les objets recueillis. Le nom d'Uzore viendrait même de la déesse Isis, à laquelle la colline fut consacrée. La position jadis insulaire de la butte, au milieu du lac qui est devenu la plaine du Forez, a dû en faire, dès les origines de l'humanité, un point de retraite. Ce caractère insulaire, le mont d'Uzore l'a conservé ; c'est bien une île de basalte au milieu de l'étendue des prairies, des moissons et des étangs aux rives basses.

De cet observatoire on découvre une vue merveilleuse sur les hautes montagnes du Lyonnais et du Forez, entourant de toutes parts ce bassin long de dix lieues et large de cinq. Il y a cent ans, la plaine était un immense et pestilentiel marais où les rivières au cours tortueux et lent, loin d'emporter les eaux, contribuaient à rendre le pays plus insalubre. La culture y était dans l'enfance. Dans cette région, cependant assez fertile, la misère était extrême, la vie humaine très limitée. La population vivait dans de véritables tanières.

Le développement des voies de communication a peu à peu modifié les mœurs agricoles. Cette région insalubre fut une des premières desservie par les chemins de fer, grâce au voisinage du bassin houiller de Saint-Étienne. Les voies ferrées ont fait naître les chemins vicinaux, encore trop peu nombreux aujourd'hui ; mais avec eux le bien-être est venu, les hameaux misérables se sont transformés en villages prospères, de grandes fermes ont remplacé les métairies misérables. Enfin, le canal du Forez, commencé en 1863 et dont tous les embranchements ne sont point achevés encore, a déjà commencé le dessèchement ; en même temps, par l'irrigation, il a permis la création de belles prairies dont la surface atteindra 8,000 hectares. Il reste beaucoup à accomplir pour faire disparaître les causes de paludisme. Si une grande partie des 871 étangs de la plaine ont pu être desséchés, il en est encore des centaines à faire disparaître ou à améliorer.

Ces étangs, jadis soigneusement entretenus pour la culture du poisson, sont le caractère le plus particulier du pays. Vus du haut de la butte d'Uzore, ils criblent littéralement la plaine, surtout vers le nord, où le canal n'a pas encore été creusé. Cette région est la plus sauvage. Des étangs, des marais, des grands bois, se partagent le sol divisé en vastes domaines. Du pied des monts du Forez à la Loire, on peut faire 10 kilomètres sans trouver un village.

C'est un des paysages les plus saisissants du Sud-Est cette plaine, formant comme une conque de verdure et d'eaux scintillantes entre les chaînes régulières de montagnes. Si, descendant de l'observatoire naturel d'Uzore, on gagne Montbrison par la route qui longe le canal où roulent les eaux empruntées à la Loire, le caractère de tristesse du pays vous envahit : grandes fermes solitaires, précédées d'une mare boueuse, entourées de rares bouquets d'arbres, prairies mouillées, cultures sur de hauts billons pour assurer l'écoulement des eaux, donnent une impression morne. Ce pays est évidemment plus riche que la Sologne ; cependant, il n'a pas le charme donné au désert de l'Orléanais et du Berri par les bois de pins et les bruyères roses.

Montbrison est bien la capitale naturelle de ce pays. Dans cette région lyonnaise si active, elle est peut-être la seule ville morte. Alors que l'industrie a transformé en ruches bourdonnantes tant de bourgades des montagnes, l'antique capitale du Forez a déchu. La Révolution lui avait conservé son caractère de métropole et fait d'elle le chef-lieu de la Loire. L'importance industrielle de Saint-Étienne s'est trop accrue ; en 1856, on a dû transférer le préfet dans la grande agglomération des bords du Furens. En cela, Montbrison fut moins heureuse que Châlons, resté chef-lieu malgré Reims, ou Laon, resté chef-lieu malgré Saint-Quentin.

Décapitée de son titre, Montbrison ne s'en est pas consolée. Les lourds bâtiments où résidaient les préfets et qu'un sous-préfet habite, sont demeurés la « Préfecture ». Tout autour, rues et boulevards portent encore ce nom. Montbrison, pourtant, est restée capitale pour la justice. Là se tiennent les assises, importantes dans un département aussi peuplé. Montbrison a vu juger et exécuter Ravachol.

Les abords du palais de justice sont la partie la plus curieuse de Montbrison. Rues et édifices ont conservé l'aspect des villes nobles du moyen âge. Les vieilles maisons ont belle allure. Beaucoup sont écussonnées et décorées avec goût. L'une d'elles, ornée de mufles de lion, a un véritable caractère d'art. En les parcourant, on atteint la butte volcanique dont Gondinet s'est amusé et où le temple de la déesse Briso donna naissance à la ville. Des ruelles solitaires et des ruines entourent ou dominent la vaste bâtisse servant de palais de justice. De là, jusqu'à la « Préfecture », on traverse de véritables rues de village. Les bâtiments préfectoraux, badigeonnés d'ocre jaune fané, bordent une place rocailleuse et des rues où pousse l'herbe.

Cependant Montbrison est restée intéressante à parcourir. Elle a conservé deux beaux édifices, dont l'un, la Diana, est unique en France. Ancienne salle du chapitre (*decana*) de l'église Notre-

Dame-d'Espérance, c'est une belle salle ogivale dont la voûte est décorée d'écussons peints ; quarante-huit blasons sont chacun répétés trente-six fois et donnent ainsi 1,728 écussons. Cent trente autres, soutenus par ces animaux fantastiques que le moyen âge se plaisait à évoquer, forment un cordon au bas de la voûte. La Diana sert de bibliothèque à la ville et de siège à une des plus actives sociétés savantes de province, la Société de la Diana ; elle a été restaurée par Viollet-le-Duc.

L'église Notre-Dame-d'Espérance est très belle. Le vieil édifice gothique complète admirablement l'aspect général de la ville.

A l'extérieur, Montbrison s'est modernisée. Les remparts ont fait place à des boulevards ; un des beaux jardins publics de province, tranquille et abandonné quand je le visitai, sert d'asile à la statue de Victor de Laprade, un Forézien resté fidèle à sa province, malgré Paris et l'Académie française. Le poète du *Chêne* a fort mal inspiré Bonnassieux. Ce monsieur en redingote a l'air d'une image pour tailleur. Mais la tête est belle et expressive : c'est le superbe vieillard que nous avons connu.

Le jardin de la ville, entretenu avec soin, a été donné à Montbrison par son créateur, M. d'Allard, qui l'a rempli de constructions bizarres : kiosques et pavillons de tous styles, classique, gothique, rococo, le tout en bois et en stuc, servant d'abris à de lamentables objets d'histoire naturelle. Les eaux et de beaux ombrages donnent cependant quelque charme à ces édicules.

Telle est Montbrison. En moins de deux heures on a parcouru à fond la cité déchue. Un coup d'œil aux trophées, dans le goût du grand siècle, dont sont ornés les murs de la caserne, et nous voici de retour à la gare. En route pour les monts du Lyonnais par Saint-Galmier et ses eaux fameuses.

La plaine du Forez est entourée de sources minérales. A Montbrison même, une fontaine gazeuse inexploitée jaillit au bord du Vizezy ; la butte volcanique de Saint-Romain-le-Puy, couronnée par de belles ruines, domine d'autres sources. Aux portes de Montbrison, à Moingt, en jaillissent de fort abondantes. Mais de l'autre côté de la Loire surtout les eaux de table abondent. Les recherches faites pour trouver le prolongement du bassin houiller en ont fait souvent découvrir.

Le chemin de fer de Clermont à Lyon traverse toute la région des eaux ; à Montbrison, il tourne brusquement à l'est pour parcourir la plaine du Forez. Cette partie du bassin est moins parsemée d'étangs, les cultures y sont vastes ; dans les prairies, les troupeaux sont nombreux ; quelques lignes d'arbres autour des fermes rompent l'uniformité du paysage. Mais il reste beaucoup à faire pour rendre le pays aussi fertile que les plaines de la Saône. Dans les jachères, l'oseille sauvage s'étend en nappes rouges ; çà et là, dans les cultures, des plantes aquatiques décèlent l'antique marais. Cependant, à en juger par le nom d'un village : Grézieux-le-Fromental, cette partie de la plaine doit avoir eu de tout temps une agriculture plus prospère que celle des régions voisines.

Une rivière au cours lent, la Mare, se traîne parallèlement à la Loire au milieu de la plaine ; entre elle et le fleuve, la « grande artère » du canal du Forez aboutit provisoirement au hameau de Cérizet, près de la gare de Boisset, d'où l'on voit fuir au loin la nappe étincelante des eaux. De l'espèce de terrasse où coule le canal, des filioles d'irrigation appelées *artères* ou *sous-artères* vont irriguer les prairies ou recueillir les eaux surabondantes. Le travail de transformation du sol est ici bien plus avancé, certaines cultures même sont fort belles.

On traverse la Loire à la jonction de la Mare et de la Coise avec le fleuve. Celui-ci est déjà assez large, mais sans profondeur. Ses eaux, très claires, coulent sur le sable jaune. Cette réunion des trois vallées devait donner à ce point une importance assez considérable. Aussi, un formidable château s'est-il édifié sur la berge de la Loire, au-dessous du confluent, pour garder le passage. C'est le château de Montrond, une des plus belles ruines de ce Forez qui compte tant de débris féodaux. Les énormes tours de l'enceinte, rondes ou carrées, contrastent avec la grâce des constructions intérieures dont la Renaissance avait fait une habitation merveilleuse. Près de ces ruines les recherches de houille ont fait découvrir, à plus de 500 mètres de profondeur, des eaux minérales qui s'élancèrent du sol à une hauteur de 40 mètres. Un établissement s'est créé ; par analogie avec le phénomène des geysers d'Islande, il s'est appelé Montrond-Geyser.

A la gare de Montrond se croisent les lignes de Lyon-Clermont et Saint-Étienne-Paris. Toutes deux desservent Saint-Galmier par des stations fort éloignées de la ville. La plus rapprochée porte le nom des célèbres sources ; elle est établie à Saint-Laurent, près du village de Veauche, non loin de la Loire. Là commence en réalité l'établissement de Saint-Galmier, par la grande verrerie que la compagnie des eaux a créée pour échapper aux difficultés de la situation ouvrière à Rive-de-Gier. Une jolie cité ouvrière l'entoure.

Aucun chemin de fer ne relie la grande ligne à Saint-Galmier, dont le trafic en eaux minérales est cependant considérable. Un chemin de grande

communication, sans cesse défoncé par les charrois, conduit à la ville et passe devant les sources qui jaillissent au bord de la Coise, la belle petite rivière vers laquelle j'ai déjà conduit les lecteurs.

En présence de la prodigieuse abondance des

eaux de Saint-Galmier rencontrées par le monde, une légende tenace s'est formée, d'après laquelle les bouteilles seraient puisées à même dans la Coise. Encore une légende à détruire ! Non seulement Saint-Galmier n'a pas besoin de puiser à sa rivière devenue ici assez louche, mais encore les sources envoient à la Coise une grande partie de leurs eaux inutilisées. Le débit atteint 100 millions de litres par an. En dix semaines on pourrait donc remplir les vingt millions de bouteilles de Saint-Galmier demandées chaque année par les consommateurs.

La concurrence entre les diverses sociétés qui se partageaient jadis l'exploitation de la nappe aquifère : la Ville, Badoit, Noël, Remy, les Centrales, avait donné lieu à ces légendes. Aujourd'hui, la fusion est faite ; le mode de puisement est le même.

Une visite aux établissements est fort intéressante. Le public s'imagine sans doute qu'on remplit les bouteilles au moyen d'un pot et d'un entonnoir ; la conception est aussi simple que fausse.

Visitons ensemble, si vous le voulez, la source Badoit, fournissant à elle seule quinze millions de bouteilles, les trois quarts de la production totale. Elle est au sein de vastes bâtiments, sur la rive droite de la Coise, au pied de la ville, couvrant vingt mille mètres carrés. La source elle-même est invisible, un puits énorme, profond et large comme une maison parisienne, s'enfonce dans le sol. Autour des parois maçonnées, l'eau des sources circule et, par des conduites, aboutit à des robinets disposés tout autour de l'abîme dans lequel on descend par un escalier vertigineux. En haut, l'eau minérale, puisée par une pompe et soumise à une forte pression, sert au rinçage des bouteilles. Comme à Vichy un jet puissant de l'eau même des sources enlève la moindre impureté.

Les bouteilles nettoyées descendent aussitôt en caisses, par un treuil sans fin remontant les bouteilles pleines. Descendons aussi dans l'abîme. Vaguement éclairé par le haut, l'immense puits d'où montent les émanations fraîches et gazeuses est fantastique. Au fond s'agitent de nombreux ouvriers. Devant chaque robinet un d'eux est assis; d'une main il prend une bouteille, pendant que l'autre main en tient une sous le robinet. Un jet en jaillit; ça « jicle », dit-on dans le Lyonnais. En un clin d'œil la bouteille est remplie, le gaz tumultueux formant comme un nuage blanc. Un autre ouvrier saisit la bouteille, la bouche rapidement au moyen d'un bouchon préalablement stérilisé à l'eau minérale ; un troisième trempe le bouchon dans la cire bouillante et y imprime le fameux cachet vert, et la bouteille est mise dans une caisse ; celle-ci, aussitôt placée sur le treuil, monte à l'orifice Les bouteilles sont alors étiquetées, puis envoyées dans les magasins d'emballage, d'où elles seront conduites à la gare. Un seul chiffre suffira à faire comprendre l'activité qui règne dans l'établissement ; il ne faut pas moins de 250 ouvriers pour puiser et emballer les eaux.

Maintenant, buveurs d'eau admis à visiter les sources, n'abusez pas des beuveries au griffon. Le gaz acide carbonique est en telle abondance qu'un seul verre suffit à déterminer un moment d'ivresse. Deux verres achèveraient leur homme. C'est un très court moment de vertige, mais il est dur de remonter un escalier de plus de 20 mètres contre les parois d'un puits avec la sensation d'avoir un peu bu.

Toutes les sources présentent le même spectacle, moins bruyant toutefois qu'à la source Badoit. La source Noël, après celle-ci la plus importante, jaillit sur la rive gauche de la rivière. Au lieu d'y descendre par le puits même, on tourne dans un second puits creusé dans la paroi du premier. Les procédés de captage diffèrent, mais les soins ne sont pas moins grands, et la qualité des eaux est exactement la même. D'ailleurs, toutes les sources de Saint-Galmier sortent de la même roche granitique et réalisent le type le plus parfait des eaux gazeuses naturelles auxquelles il est inutile d'ajouter artificiellement du gaz, puisque celui-ci surabonde.

Le plus grand consommateur des eaux de Saint-Galmier, c'est la ville elle-même. Par une ironie du sort, Saint-Galmier manque d'eau potable! Il n'y a pas une source d'eau ordinaire; un barrage recueille les eaux de rivière pour les usages domestiques, mais elles sont impropres à la boisson. Tout le monde va puiser à l'établissement — gratuitement, cela va sans dire.

Curieuse ville, Saint-Galmier, mais bien sale! Si l'on pouvait faire monter la Coise dans l'amphithéâtrale petite cité et laver les rues, on rendrait un réel service au touriste. Celui-ci n'évite les cailloux pointus dont les voies sont pavées qu'en marchant sur les détritus généreusement répandus. Une vieille porte, des maisons blasonnées, de petites fenêtres grillées, des habitations en poutrelles remplies de briques, une pittoresque place servant de foirail, un hôtel de ville dans le style de la Renaissance, cossu mais inachevé. Près de là, une curieuse porte à colonnes et à bas-reliefs, datée de 1538, arrêtent quelques instants le visiteur.

Du haut de la colline on a une vue superbe sur les monts du Lyonnais, auxquels la ville est adossée, la plaine du Forez semée d'étangs et la haute chaîne du Forez dominée par la croupe de Pierre-sur-Haute noire de sapins, semée de villages. Frangée à leur base de gros bourgs et de petites villes, ces montagnes sont fort belles, bien qu'un peu austères. J'y retournerai un de ces jours pour visiter Saint-Bonnet-le-Château[1], qui couvre un mamelon presque au sommet de la chaîne. Dans le fond de la plaine, au sud, où débouche la Loire par des gorges, montent de noires fumées : c'est le bassin houiller de Saint-Étienne qui projette jusqu'ici sa chaîne d'usines et de villes industrielles.

1. 10ᵉ série du *Voyage en France*.

XIII

LES MONTS DE TARARE

Encore une ville déchue. — Feurs. — Le Donzy. — Panissières. — L'industrie aux champs. — Traversée des montagnes. — Saint-Forgeux et Pontcharra. — Tarare. — L'histoire de Simonet.

13 mai.

Si Montbrison, après avoir été chef-lieu du riche département de la Loire, est devenu une morne sous-préfecture, combien plus grande a été la déchéance d'une autre cité forézienne, la mère de toutes. Feurs, jadis une des grandes stations de la Gaule et la ville maîtresse du Forez jusqu'à la fin du moyen âge, n'est plus qu'une bourgade modeste, elle n'a en rien participé au mouvement industriel de la contrée. Cependant sa situation était belle au confluent de la Loire et de deux rivières dont les vallées s'ouvrent l'une vers l'Auvergne, l'autre vers le Lyonnais : le Lignon et la Loise. Son rôle politique a pris fin avec la Révolution qui en avait fait un chef-lieu de district. De ce passé, Feurs a conservé sa forme régulière et la croisée de routes qui a évidemment continué la jonction de voies romaines.

Chose singulière, si Feurs restait le centre d'un canton agricole et ne voyait construire aucune usine sur son territoire, l'industrie venait jusqu'à ses portes. Le bourg de Néronde, au nord, est déjà dans l'orbite de Tarare ; dans le canton même de Feurs, un milieu industriel considérable naissait à Panissières, presque à la crête des monts du Lyonnais. Je viens de le traverser pour gagner l'active vallée de la Turdine.

En attendant l'ouverture du chemin de fer monorail en construction de Feurs à Panissières et dont la voie étrange court non loin de la route, le trajet se fait par de placides diligences. La plaine du Forez se continue jusqu'ici par ses étangs et ses lentes coulées, mais on la quitte bientôt pour commencer, sur les bords de la Loise, la lente escalade des montagnes. Cette base des monts du Lyonnais forme un petit pays bien à part, dont le château de Donzy, aujourd'hui réduit à une muraille découronnée, fut jadis le centre. Une contrée assez étendue en dépendait, sorte de province perpétuée jusqu'à nous par ces mots « en Donzy » ajoutés au nom de plusieurs communes assises au flanc des montagnes. La Loise creuse profondément ce petit pays du

Donzy par une vallée profonde où la rivière se mutine dans un lit fort accidenté, mettant l'argent de ses cascatelles entre le velours vert des prés. Le pays est charmant ; de hauts et fantastiques rochers de granit se dressent en des poses étranges parmi les pins vigoureux. Un de ces blocs nommé Pierre-sur-Haute, comme la montagne de Chalmazel, semble quelque monument égyptien dans les fentes duquel les pins ont crû. Ce paysage est assez désert ; il faut gagner, vers le Roule, la première terrasse des montagnes pour trouver des habitations et des cultures.

De ce point de la route, la vue est immense sur la plaine du Forez, parsemée d'étangs, sur ses buttes volcaniques semblables à des vagues solidifiées et la haute et sévère chaîne des monts du Forez. En face, les maisons aux toits rouges et la haute flèche de Panissières sont au centre d'un riant bassin très verdoyant, semé de maisons blanches aux éclatantes toitures plates. Peu de cultures, d'ailleurs ; le sol est surtout couvert de prairies. Les défrichements de peu d'étendue sont cependant une des sources de bien-être du pays ; ici on cultive en grand l'oignon de semis pour obtenir le petit oignon dit « bubille » devant donner, l'année suivante, l'oignon ordinaire. Le produit de cette récolte atteint souvent 200,000 fr. par an. La valeur atteint en ce moment 100 fr. par cent kilogrammes, mais elle est tombée parfois à 20 fr.

En dehors de cette culture, la contrée de Panissières est plutôt pastorale, ce qui s'explique par la haute altitude — plus de six cents mètres. Le pays est couvert de maisons entourées de potagers ; ce sont les demeures des ouvriers travaillant pour Panissières ou Tarare. La caractéristique de ce centre industriel, c'est que l'usine n'existe pas : sauf quelques bâtiments dans lesquels vingt ou trente métiers à la main sont réunis, le travail a lieu au domicile même de l'ouvrier.

Panissière fabrique le linge de table et le linge de toilette : c'est une particularité curieuse dans cette contrée où la culture du lin est inconnue. La matière première vient du Nord, cela constituerait pour Panissières une grande infériorité sur Armentières, sans les conditions toutes particulières du travail et les débouchés offerts par le grand nombre de villes populeuses de la région lyonnaise. Panissières peut lutter contre ses puissants concurrents du Nord par le bas prix de la main-d'œuvre ; la plupart des ouvriers habitent en pleine campagne où ils louent un atelier et un morceau de terre qui leur fournit les légumes dont ils se nourrissent. Beaucoup sont propriétaires de leur maison et d'un bout de champ. Les métiers battent au loin, on en rencontre partout autour de Panissières : à Chambost, Longessaigne, Villechenève, Essertines-en-Donzy, Cottance, Rozier-en-Donzy, Salvizinet, Montchal et Violay, c'est-à-dire dans la Loire et le Rhône.

Les quelques ateliers de Panissières louent les métiers aux ouvriers. Il en est de même à la campagne, où ces métiers sont la propriété de cinq ou six contremaîtres ou commissionnaires faisant travailler à façon pour les fabricants. Avant le grand développement d'Armentières, les gains étaient assez élevés : ils atteignaient 3 fr. 50 c. par jour ; aujourd'hui, ils sont tombés à 2 fr. Plus favorisés, certains ouvriers travaillant aux métiers dits sept-quarts et huit-quarts se font jusqu'à 7 et 8 fr. par jour. Mais ces métiers sont le privilège d'une élite ; pour les faire manœuvrer, il faut une très grande force musculaire. Quant à l'industrie mécanique, elle ne s'est point implantée à Panissières ; mais les produits de cette ville se font mécaniquement dans les environs, à Néronde et Saint-Symphorien-de-Lay.

L'heure où j'ai traversé Panissières était celle du repos de l'après-midi, du goûter. Les ouvriers, assis sur le pas de leurs portes ou causant en petits groupes, sont grands et robustes ; une forte moustache d'un blond châtain donne à beaucoup d'entre eux le pur type gaulois. Rien dans l'aspect de la ville et des habitants ne dénote la ville industrielle : c'est une longue rue, très calme, très placide, où les maisons respirent l'aisance.

A l'heure du travail tous les métiers battent à l'unisson ; c'est un joyeux tic-tac de jacquarts pour le lin et la soie. Ce dernier textile est en effet tissé à Panissières, ou plutôt il l'est dans toute la région ; les métiers pour Tarare et Lyon sont plus nombreux encore que les métiers à toile. Toute la montagne, dans cette partie des monts du Lyonnais, compte bien peu de maisons sans atelier ; le propriétaire rural qui fait construire une ferme, le débitant qui choisit une croisée de route pour y bâtir son auberge, le charron ou le maréchal qui installe un atelier prévoient toujours une partie à louer à un ouvrier tisseur. En outre, la plupart des petits propriétaires ont un métier chez eux. On pourra juger de l'importance du tissage à la main dans la contrée par le nombre de contremaîtres pour la soierie : à Panissières, seulement, il est d'une vingtaine. Cette association de l'agriculture et du métier vaut au pays son aspect heureux.

Ce caractère s'accentue à mesure qu'on s'élève

davantage. Dès la sortie de Panissières, sur la route de Tarare, montant à l'un des cols les plus fréquentés de la chaîne, dans toutes les maisons battent les métiers. Le paysage est très riant ; si les prairies dominent, elles sont coupées de cultures, des bouquets de pins sont jetés çà et là ; même de florissants vignobles couvrent les pentes. Les maisons ouvrières sont bien tenues, le jardinet est soigneusement cultivé, très souvent le ménage possède une ou deux vaches. Ces maisons sont semées partout dans les campagnes et reliées incessamment au reste du monde par les voitures qui apportent le travail préparé et ramènent à la gare de Pontcharra-Saint-Forgeux les pièces achevées. Quelques gros bourgs groupent leurs toits rouges autour de leur église. L'un d'eux, Villechenève, est en vue de l'un des plus beaux panoramas du Lyonnais, jusqu'à la chaîne du Forez. On franchit le col de la Croix-du-Signy à 761 mètres d'altitude. Un peu plus loin, à la Brioude, la séparation des deux versants de l'Océan et de la Méditerranée est des plus caractéristiques. L'arête s'est constituée par l'étroit ruban de la route. L'un des fossés envoie ses eaux à la Loire, l'autre les déverse au Rhône. Ce passage dut avoir quelque importance jadis, car il est commandé par des ruines de remparts.

La route de Pontcharra quitte la ligne de faîte pour descendre dans une profonde vallée où coule un clair ruisseau, le Toranchin. Dans cette gorge étroite, les habitations sont rares, il faut descendre longtemps, jusqu'à Saint-Forgeux, avant de rencontrer une agglomération. Ici, nous sommes dans un des centres ouvriers les plus intéressants des montagnes. A Saint-Forgeux, tout le monde est tisseur. Le bourg, grand et prospère, entouré de luxuriantes campagnes, est bâti en pierre. Par les fenêtres ouvertes, on aperçoit dans chaque appartement un métier à soierie. Il n'est guère de ménage sans cela, même une sage-femme, dont la porte est ornée de l'enseigne classique représentant un bébé jouflu sortant d'un chou, est assise à un métier et fait voler la navette. Les boulangeries exposent d'immenses pains, roues pleines de près d'un mètre de diamètre, dont le transport par les clients est assez incommode ; quelques-unes ont trouvé un ingénieux moyen de les porter : ils les ont perforés au centre et y ont passé une forte corde.

Beaucoup de maisons ont de larges auvents ; là se concentre la vie extérieure de la bourgade ; de bonnes et proprettes petites vieilles, dont les bras sont devenus trop débiles pour faire mouvoir le battant du jacquart, sont assises ; armées de lunettes, elles reprisent les bas de la maisonnée pendant qu'autour d'elles joue la marmaille. Là, à l'heure du goûter, les canuts se réuniront pour manger la tartine de fromage blanc et boire un « canon » de l'aimable vin des coteaux de l'Arbresle.

Le Toranchin baigne le village, entre de petites montagnes, jusqu'à son confluent avec la Turdine dans le gros bourg de Pontcharra, formé d'une longue rue bordée de hautes maisons. Pontcharra est encore un centre de « canuts ». Il dépend à la fois de Lyon et de Tarare, dont cinq kilomètres seulement nous séparent.

La distance est vite franchie ; en quelques minutes, le chemin de fer, dominant à une grande hauteur la Turdine, conduit au-dessus de la riche cité industrielle qui pourrait rivaliser avec les grandes ruches du Nord, sans les mœurs ouvrières de ce pays. Le nombre des ouvriers travaillant pour Tarare dépasse en effet 60,000 ; cela représenterait avec les femmes et les enfants la population d'une ville de 250,000 âmes, plus que Roubaix et Tourcoing réunis. Mais tous ces ouvriers sont répandus dans les montagnes de la Loire et du Rhône ; on en trouve jusqu'en Saône-et-Loire. Tarare est donc une petite ville de moins de 15,000 habitants ; de belles habitations, des rues propres et animées, quelques vastes usines lui donnent un certain caractère de grandeur. En réalité, ce n'est qu'une longue et large voie au fond d'une des vallées les plus profondes du Lyonnais, dominée à plus de 400 mètres par de hautes et sévères montagnes, nues ou boisées de sapins. La Turdine, qui la traverse, est un maigre cours d'eau, insuffisant pour les usines. Cette absence de force motrice naturelle explique comment l'industrie de Tarare a conservé cette forme patriarcale du travail au dehors ; la Turdine ne fournit même pas assez d'eau pour la teinture, il faut avoir recours à Lyon et à Roanne.

La « sainte mousseline » a fait la fortune de Tarare. Ce ne fut point par l'effet du hasard, mais par la volonté tenace d'un homme auquel sa ville natale a élevé plus tard une statue. J'ai nommé Simonet. Cet artisan était fils d'un marchand toilier de Tarare qui trafiquait des étoffes grossières fabriquées dans la montagne. Pour aider son père, Simonet apprit le tissage et le dessin ; à vingt-cinq ans, vers 1735, il était dessinateur maître ; pendant dix ans, il fit ce métier et se mit enfin dans les affaires, en entreprenant la fabrication des étoffes mélangées de soie, d'or et d'argent. La mort de son associé l'obligea à liquider ; alors il trouva sa voie : en 1754.

Les habitants du pays n'avaient jamais filé que de grossiers fils de chanvre, en se servant du

rouet ; des ouvriers de Normandie, venus dans ces montagnes reculées, leur apprirent à filer le coton. Simonet comprit l'avantage qu'il y aurait à utiliser ce textile, mais il lui fallait apprendre la fabrication des tissus. Il n'hésita pas ; il se rendit en Suisse, pays alors célèbre par ses mousselines, s'engagea comme ouvrier et apprit ainsi ce qui lui manquait. A son retour en France, il sollicita l'appui de Trudaine; cet administrateur devina l'importance des projets de Simonet et l'aida à monter les premiers métiers à mousseline. Mais les fils obtenus dans le pays étaient défectueux; on alla en chercher à Nantua, petite ville du Bugey, où s'essayait timidement la filature. Une famille de Saint-Gall fut chargée de former des ouvriers.

L'heure n'était pas venue cependant. Quinze années durant Simonet s'efforça de développer son industrie; il finit par une catastrophe: en 1775 il liquida et se retira à Charbonnières, où il mourut dans l'indigence, vers 1780.

Simonet avait eu foi dans la filature et le tissage par des mains françaises; il n'avait eu raison qu'à moitié. Un autre Simonet, neveu du premier, voulut poursuivre l'œuvre de son oncle: il se rendit en Suisse en 1786, en rapporta des filés de coton et prouva la possibilité de tisser la mousseline en France. La voie était ouverte, l'importation des filés suivit une marche ascendante, la France était dotée d'une nouvelle branche de fortune.

A partir de ce moment les progrès sont incessants, malgré la Révolution et les guerres de l'Empire. En 1788 les demoiselles Defrance font des essais de broderie au crochet ; l'année suivante elles avaient quatre-vingts ouvrières. Un Irlandais venu dans le Lyonnais comme prisonnier de guerre, John Murray, dont on a fait Jean Moreau, enseigne à ses hôtes l'emploi de la navette à roulette et du battant à ressort dont il avait fait usage à Glasgow ; puis c'est Loozer, ouvrier de Saint-Gall, venu à Tarare en 1807 ; Brunel, de Genève, enseigne l'art des apprêts en 1812 ; Prost, de Saint-Symphorien-en-Lay, fait connaître le régulateur.

Toutes les inventions, toutes les améliorations sont aussitôt utilisées à Tarare dès qu'on les connaît : blanchiment, flambage au gaz, etc. Cette activité des industriels explique le développement inouï de Tarare et la prospérité dont elle a joui, surtout de 1845 à 1875. Depuis cette dernière date, il y a décroissance, ou plutôt stagnation, par suite de l'abandon de la mousseline dans la toilette féminine. Cependant Tarare paye encore pour 11 millions de salaires.

La stagnation actuelle a d'autres causes que la mode : les droits de douane en Amérique, les taxes élevées mises chez nous à l'entrée des métiers soulèvent de vives doléances, mais, si l'on se plaint, on n'en recherche pas moins tous les éléments qui peuvent apporter du travail à la population. Ainsi Tarare a profité des découvertes de l'antisepsie en fabriquant la mousseline pour pansements. Chaque année elle en produit plus de deux millions de mètres pour l'Assistance publique de Paris seulement. A côté de cela, on produit une variété infinie de tissus aux couleurs claires et vives, aux dessins charmants. Si l'on fournit au commerce la *saintgalette*, étoffe de 8 à 15 centimes le mètre, on fabrique aussi la tarlatane, le plumetis, les broderies. L'Angleterre elle-même a reconnu la supériorité de Tarare pour les beaux articles, car elle est une cliente fidèle ; son commerce d'exportation s'y alimente. Pour l'Algérie et les pays barbaresques, Tarare tisse le *dortas* servant à fabriquer les halks, supérieurs à celui dont les Anglais inondent l'Afrique par leur entrepôt de Gibraltar. Les touristes qui rapportent triomphalement d'Algérie et de Tunisie des étoffes arabes ne se doutent guère qu'ils ont payé à beaux deniers des tissus fabriqués à bas prix aux environs de Lyon.

Sauf pour quelques articles de luxe, les tissus de Tarare sont tous fabriqués chez l'ouvrier. L'industrie proprement dite, en ville, est surtout consacrée à la teinture, au blanchiment et aux apprêts. Ces ateliers sont la grande curiosité de Tarare, mais ils sont assez jalousement fermés. Grâce à la bienveillance des industriels, heureux de me montrer les efforts tentés pour maintenir dans leur ville cette source puissante de richesse, j'ai pu les parcourir. L'aspect des vastes salles où, dans une atmosphère surchauffée, des hommes à demi-nus travaillent sur trois rangées d'éventails mécaniques à sécher les pièces apprêtées est saisissant. C'est un dur et pénible métier, mais auquel tiennent ceux qui le professent ; ils y voient une sorte d'aristocratie ouvrière.

De là, malgré la mode, des milliers de kilomètres de mousseline sortent pour aller s'entasser chez les fabricants qui les expédieront aux quatre coins du monde. C'était bien pis autrefois, avant la suppression des processions, nécessitant chaque année tant de robes blanches. Avec l'interdiction dont ces cérémonies sont l'objet dans beaucoup de villes, Tarare a beaucoup perdu.

La ville, elle, est restée fidèle à cette tradition religieuse ; elle paye aux processions une dette de reconnaissance : la Fête-Dieu montre Tarare tout entière vêtue de blanc, les murailles disparaissant sous des nuages de mousseline prêtée par les fabricants et sur lesquels sont disposées des fleurs.

Par ce côté de son industrie, Tarare a donc une vie propre et forme, dans le Lyonnais et même en

France, un groupe industriel bien à part. Toutefois, la ville proprement dite doit une partie de sa richesse au vaste établissement de M. Martin qui tient à Lyon par sa matière première et ses produits. En ajoutant les ateliers de teinture et d'apprêts de Lyon et de Roanne, dépendances de l'usine, près de trois mille personnes sont employées dans ces immenses établissements où l'on mouline la soie, où l'on tisse le velours et les soieries. La partie vraiment intéressante de l'établissement est la fabrication de la peluche pour le chapeau de soie. C'est aujourd'hui la seule maison française fabriquant cet article; jadis il y en avait une autre à Sarreguemines, ville maintenant allemande. En dehors de Tarare, de Sarreguemines et d'une ville d'Allemagne dont le nom m'échappe, il n'y a pas dans le monde d'autre fabrique de peluche pour chapeaux hauts de forme. L'Angleterre, consommant une grande quantité de ces chapeaux, est notre tributaire; la réputation de sa chapellerie est donc l'œuvre de Tarare; mais si le chapeau de Londres jouit d'une réputation si méritée, il le doit à ce que l'heureuse Angleterre ne connaît point le retapage. Tous ses vieux chapeaux viennent à Paris pour être transformés en chapeaux neufs. Et voilà comment la peluche vierge de Tarare n'est pas pour nos têtes. Il serait difficile de s'en assurer ; à moins d'être du métier, comment distinguer du vieux chapeau anglais retapé avec habileté le chapeau neuf fabriqué à Paris, Essonnes, Nîmes et Lyon, au moyen de la peluche de Tarare ?

Les établissements de M. Martin présentent un côté particulièrement intéressant, que nous retrouverons d'ailleurs sur beaucoup de points de la région lyonnaise : c'est l'emploi d'ouvrières en quelque sorte cloîtrées. Cinq cents orphelines, dont un grand nombre venues des départements voisins et de la Suisse, mais surtout de l'Ardèche et de la Drôme, y travaillent sous la direction de religieuses. Au début, on avait eu recours aux jeunes filles de l'Assistance publique de Paris, mais l'excès de réglementation a été cause qu'on préfère s'adresser dans la région. Ces ouvrières ont des réfectoires et des dortoirs où elles sont à l'écart du reste du personnel. Je reviendrai, dans une étude spéciale, sur ce mode d'emploi de la main-d'œuvre féminine dans la région lyonnaise.

Cette vaste usine est à l'entrée de Tarare, dans une position riante, au-dessus de la Turdine, dont la vallée profonde sort de la région des grands bois pour pénétrer dans le domaine de la vigne. Tarare est, en effet, à la limite de la haute montagne. Par cette contrée tourmentée, dont les croupes bleues dominent la jolie ville industrielle, je compte gagner la zone d'Amplepuis, de Thizy et de Roanne, où le génie actif du peuple lyonnais a créé en peu d'années un des foyers de travail les plus puissants de France.

XIV

LE COL DES SAUVAGES ET THIZY

Une montagne mal famée. — Mᵐᵉ de Sévigné et Arthur Young. — Le col des Sauvages. — Amplepuis et ses usines. — Rivalités industrielles. — Thizy. — Roland de la Platière et Malesherbes. — Génération industrielle spontanée. — Mœurs commerciales.

Thizy, 24 mai.

Vue des environs de Tarare, la vallée de la Turdine, à l'occident de la ville, semble barrée par une haute chaîne de montagnes, noires de forêts, dont les formes sévères et l'escarpement exagèrent la hauteur. C'est la montagne des Sauvages. Est-ce le nom, est-ce l'aspect de cette muraille jetée entre le Rhône et la Loire? Mais de tout temps ce massif de rébarbatif aspect a joui d'un assez mauvais renom. La route de Lyon à Paris par le Bourbonnais passait là et l'on contait d'effroyables choses sur « les Sauvages ». Mᵐᵉ de Sévigné, apprenant que sa fille avait eu la bravoure de la traverser pendant la nuit, écrivait : « J'ai transi de vous voir passer de nuit cette montagne, que l'on ne passe jamais qu'entre deux soleils. »

Toutefois, aucun récit n'est parvenu sur les brigandages dont cette région accidentée aurait été le théâtre. La raideur des pentes et l'état des routes donnaient aux Sauvages cette réputation. Arthur Young traversa le col pour se rendre de Lyon à Roanne le 30 décembre 1789, c'est-à-dire en plein hiver d'une année de troubles. Cette montagne, dit-il, « est moins formidable en réalité qu'on veut bien le dire ». Young, il est vrai, venant d'Italie par le mont Cenis, pouvait prendre en pitié ce massif, dont la plus haute cime est à 500 mètres à peine au-dessus de Tarare. Cependant, en 1842, à une époque où la viabilité était bonne, où le service des malles était bien organisé, le « Livre des postes », en énumérant les chevaux de renfort accordés, les expliquait par « les difficultés de la montagne de Tarare... »

Aujourd'hui, la montagne est vaincue : l'ancienne route par Saint-Symphorien-de-Lay, qui franchissait un col à 764 mètres, est doublée par une autre voie passant aux Sauvages, à 725 mètres. Entre les deux, le chemin de fer de Paris à Lyon par Saint-Germain-des-Fossés, après être monté par des ravins boisés de pins superbes jusqu'aux abords de la crête terminale, grâce à des rampes de 27 millimètres par mètre, gravies par les trains au moyen de locomotives de renfort, troue la ligne de faîte par un des tunnels les plus remarquables de France, long de 2,926 mètres, creusé dans des porphyres très durs, où des failles nombreuses amenaient des torrents d'eau.

Par le tunnel on a vite franchi la chaîne, mais on a une idée fort vague de cette montagne de Tarare, effroi des vieux voyageurs. Je me suis décidé, malgré un temps incertain et des grondements d'orage, à faire la route à pied. Pendant longtemps on traverse Tarare ; peu à peu les maisons s'espacent, les usines cessent et l'on monte en dominant un vallon profond, au milieu de belles prairies plantées d'arbres. De l'autre côté, la montagne est très abrupte ; sur un de ses pitons, la chapelle de Bel-Air commande la ville hérissée de hautes cheminées. Des bois de pins d'origine récente font un manteau au mont Chevrier ; la ramure de ces arbres s'étale comme des palmes et chaque rangée d'arbres présente des lignes régulières de branches ; cela semble l'effet d'une gageure d'architecte paysagiste.

La route monte par une pente rude, contournant des vallons verts et dominant toujours de plus haut la combe profonde qui la sépare du mont Chevrier. Ici c'est bien un vallon de montagnes, très frais, très boisé. Plus haut, la nature se fait âpre, l'air est vif, des rafales annoncent l'approche de l'orage, bientôt de grosses gouttes se mettent à tomber, puis une pluie diluvienne survient, une de ces pluies d'été qui ne cachent pas entièrement le paysage ; à travers l'ondée j'aperçois bientôt au sommet de la montagne, couronnant un mamelon rocheux et boisé, une haute statue noire, c'est la Vierge de Notre-Dame-de-la-Roche, pèlerinage moderne qu'avoisinent deux petits ermitages où quatre religieux et quatre religieuses prennent soin de la chapelle et des quatorze petites niches marquant les stations d'un chemin de la Croix. La Roche se dresse avec beaucoup de majesté au milieu de ces sommets où les cultures et les prairies sont parsemées de noyers, de vergers, de chênes et de sapins.

Je voudrais monter jusqu'au rocher qui supporte la Madone, mais la pluie fait rage et me retient longtemps dans une maison de la route. Lorsqu'enfin l'averse s'apaise, il est tard déjà et je me hâte de franchir le col, ouvert à l'entrée même du village des Sauvages. Ce pauvre hameau serait lugubre sans la splendeur des horizons, mais de ce point, surtout des hauteurs qui dominent les maisons, la vue est immense sur les monts du Lyonnais, sur la vallée de la Loire et les hautes croupes du Forez, commandées par Pierre-sur-Haute.

Le village — il appartient encore à Tarare par ses ateliers de mousseline — est sur la ligne de faîte même. Il n'y a pas de plateau ; aussitôt arrivé au sommet de la côte, on descend ; mais la pente est moins raide et les lacets moins nombreux que sur l'autre versant. Une longue et profonde vallée se creuse, dans laquelle débouche le chemin de fer sorti du long souterrain des Sauvages. La route, très haut sur le flanc d'une montagne, la voie ferrée établie sur d'énormes remblais ; entre les deux, au fond, le ruisseau des Sauvages. Sur les pentes, quelques prairies, des cultures, des vignes. Je croise à chaque instant des camions, portant des ballots de mousseline recueillis dans des maisons dont les montagnes sont parsemées, habitées, toutes, par des tisseurs. Voilà le paysage jusqu'à l'entrée d'Amplepuis.

Cette petite ville, dont le pittoresque amphithéâtre de toits rouges, de maisons blanches, de grandes usines formées d'un seul rez-de-chaussée, aux toits multiples épars sur le flanc de la montagne au milieu d'une végétation puissante, est une des beautés du pittoresque chemin de fer de Roanne à Lyon, se présente moins bien de la route : l'aspect en est plutôt sévère, les rues sont étroites et sans caractère, mais fort animées par une population active et industrieuse. Amplepuis, un des trois grands centres industriels de ce versant des monts du Lyonnais, en est aussi le plus peuplé (7,500 habitants). S'il n'a pas un chiffre d'affaires comparable à celui de Thizy, c'est le point où viennent aboutir les produits fabriqués dans la montagne, à la fois pour le rayon industriel de Tarare, tels que les mousselines, et ceux destinés à Thizy, c'est-à-dire les tissus de coton pour linge de table et vêtements. En outre, Amplepuis dépend de Lyon pour ses fabriques de foulards et se rattache à Cours pour ses fabriques de couvertures. La situation de la petite ville sur la rivière industrieuse du Rhins, au débouché de la haute vallée, des routes et du tunnel des Sauvages, explique cette prospérité ; il ne lui a manqué que des traditions commerciales anciennes pour prendre la place de Thizy dans la direction du mouvement d'affaires.

D'Amplepuis à Saint-Victor, on descend la profonde et belle vallée du Rhins. Le village ou plutôt le gros bourg de Saint-Victor appartient au département de la Loire, mais ses usines le rattachent à Lyon et à Thizy ; dans sa gare viennent se souder les deux chemins de fer de Thizy et de

Cours; ces deux petites villes si voisines n'ont pu s'accorder. Cours et Bourg-de-Thizy, situés dans la vallée de la Trambouze, voulaient un chemin de fer passant dans la vallée; Thizy, juché sur la hauteur, le voulait à portée de ses usines. Ne pouvant s'entendre, les cités rivales se sont donné chacune le luxe d'une voie ferrée, séparée parfois par moins d'un demi-kilomètre. Chose merveilleuse, les deux lignes couvrent leurs frais et ont même des bénéfices. Mais Cours a un vrai chemin de fer à voie normale et Thizy une ligne à voie étroite longeant le grand chemin de Saint-Victor, long de sept kilomètres. Cette petite voie ferrée a donné, en 1895, 100,859 fr. de recettes, elle a transporté 75,308 voyageurs. Elle a été construite par les industriels de Thizy; ils y trouvent à la fois un revenu et de grandes économies sur le transport.

C'est jour de marché à Thizy, le petit train est rapidement envahi; on doit ajouter des wagons et, sans cesse, arrivent des voyageurs; tous portent de gros paquets de toile bleue dans lesquels ils ont renfermé soit les tissus destinés aux fabricants, soit les produits à vendre directement sur le marché. Les affaires ont conservé ici leur caractère antique: beaucoup de petits fabricants de la montagne apportent chaque semaine aux commissionnaires de Thizy les produits tissés dans les monts de Tarare : doublures, flanelles, péruviennes, serges, lainettes, finettes, oxfords, etc. Le rayon dans lequel s'exerce cette industrie familiale comprend la haute vallée du Rhins dans le département du Rhône et s'étend même à l'est jusqu'à la vallée d'Azergues, à Grandris. Dans cette partie des montagnes on trouve des fabricants à Saint-Jean-la-Bussière, Cublize, la Chapelle-de-Mardore, Mardore, Ranchal et Thel. Cublize a même d'importantes usines. La vallée de la Trambouze, qui limite les départements de la Loire et du Rhône, en possède beaucoup ; dans la Loire, la montagne entière, entre la Trambouze, le Sornin et le Rhins, dépend encore de Thizy : Belmont, Mars, Jarnosse, Cuinzier, le Cergne, Sevelinge, Arcinges, Coutouvre, Lagresle, Montagny, Combres, toute une région très peuplée. En somme, dans trente-deux communes on compte huit mille métiers à la main. Sans y comprendre Amplepuis, ni les communes travaillant pour les fabricants de Thizy et des villages que je viens d'énumérer, il y a là 45,000 habitants, c'est-à-dire la population d'une grosse ville industrielle. Sur la place de Thizy seulement, les marchandises apportées au marché ou chez les commissionnaires atteignent une valeur de près de 15 millions de francs, les usines de la ville en font pour plus de 20 millions. Et dans ces chiffres n'est pas comprise l'industrie

des couvertures dont je parlerai en visitant Cours.

En route maintenant : paquets et voyageurs sont entassés sans distinction de classe, tant l'affluence est grande aujourd'hui. Le petit chemin de fer franchit le Rhins, s'élève sur la colline, traverse sous un pont la voie ferrée de Cours, puis, désormais, épouse fidèlement l'accotement droit de la route, en dominant toujours de plus haut le vallon de la Trambouze où s'échelonnent de belles usines. De lacets en lacets bientôt apparaît Thizy sur sa montagne, couvrant la crête et les pentes de ses hautes maisons de granit coiffées de tuiles rouges ; des cheminées d'usines se dressent çà et là, c'est une des surprises réservées par l'active cité cette présence d'établissements industriels sur un sommet où doit manquer l'eau d'alimentation des machines.

Thizy se prolonge au bas de son mont abrupt par des routes bordées de maisons la reliant à Bourg-de-Thizy, situé au fond de la vallée, à 150 mètres en contre-bas.

Les deux communes forment une seule agglomération, la limite séparative étant dans le centre même ; une partie d'une rue est Thizy, l'autre est le Bourg. Dans la ville haute et la ville basse il y a une population de 9,000 âmes, vivant de la même industrie. Ainsi disposée avec ses églises sur la crête, ses hautes constructions, ses faubourgs dévalant capricieusement jusqu'à la Trambouze, la double ville a grand caractère et donne l'impression d'une cité bien plus considérable qu'elle ne l'est en réalité. Même à l'intérieur, la rue, très longue, qui parcourt la crête, conserve cette allure de centre populeux. Par une disposition curieuse, l'agglomération quitte peu les crêtes et les pentes immédiates, même les faubourgs de jonction suivent une ligne de faîte et le centre de Bourg couvre un monticule comme Thizy couvre sa montagne.

Tout cela est moderne. La ville primitive était au point culminant de l'éperon de granit. Un château des sires de Beaujeu, dont il reste quelques débris informes, et une église avaient groupé autour d'eux la population. Par sa situation en nid d'aigle au-dessus d'une vallée conduisant en Charolais, Thizy fut une position importante; aussi les guerres de religion en firent-elles une ruine et la ville descendit peu à peu de son rocher féodal sur la pente voisine. Il n'est resté sur le roc que l'église, entourée du cimetière.

De là, on a une fort belle vue sur cette large vallée en hémicycle, remplie de prairies entourées de haies et d'arbres, où paissent en foule de grands bœufs blancs; au sommet des collines et des monts, de vastes bois et quelques villages. Grâce à l'industrie qui a semé là tant de belles usines, l'aspect du pays a bien changé depuis le temps où naquit, à Thizy, Roland de la Platière, mari de Mᵐᵉ Roland, né dans la maison même où Malesherbes, exilé en 1777, vint se réfugier.

Dans les rues, la foule est grande : c'est jour de marché. Les paysans ont étalé leurs produits sur le sol; beaucoup de fromage blanc, base de bien des déjeuners et des goûters dans tout le Lyonnais ; les gens de la campagne venus pour apporter leurs tissus ou les produits du sol, achètent en quantité des pains légers appelés *miches* et des brioches, autre friandise du pays. Autour de la halle se pressent les petits fabricants.

S'ils n'ont pas la plus grande part des affaires, ceux-ci, par leurs visites incessantes à Thizy, font l'animation de la ville. Jusqu'en 1869 même, ils en firent seuls la fortune ; alors, en effet, Thizy n'avait pas d'ateliers mécaniques, et Roanne n'espérait pas devenir ville industrielle. Il y a vingt-cinq ans de cela, et les deux villes ont aujourd'hui près de 15,000 métiers mécaniques.

L'industrie est très ancienne dans ces montagnes ; sous l'ancien régime, Thizy était célèbre par ses « manufactures de toile de Beaujolais » ; on vantait ses fileurs et ses tisseurs de lin. On a conservé le souvenir d'une émeute, survenue il y a deux cents ans, causée par un changement dans la façon de mesurer les tissus. Cette « journée des triques » causa la mort de sept ouvriers. En 1789, un métier à filer « la Jeannette » fut brûlé par les fileurs ameutés. Dès cette époque, le débouché pour Thizy était Beaucaire, d'où, au moment de la foire, les tissus de Thizy se répandaient dans toute la Méditerranée.

Il y a 50 ans encore, la région comptait 500 fabricants; il y a 15 ans, il en restait 150. Aujourd'hui 15 à 20 usines ont remplacé les anciens ateliers. Cependant, il ne faudrait pas croire qu'il n'y eût en ce temps-là que de très petits industriels. Des habitants de Thizy m'ont parlé du père Jean Suchet, qu'ils ont connu portant les cheveux tressés en queue; il faisait 500,000 fr. d'affaires. Tout se traitait d'une façon patriarcale, souvent par l'entremise d'un portefaix. Aujourd'hui encore, les transactions se font sans discussion, même sans quittance.

En 1863, les cotons remplaçaient déjà le lin dans l'industrie locale menacée par les manufactures d'Alsace et des Vosges. Un fabricant, M. Adolphe Ovize, essaya le tissage mécanique du coton. Il échoua, mais il avait eu l'honneur de montrer la voie qui devait ramener la fortune; son successeur, M. Ballaguy, alla en Suisse chercher des métiers; associé à un frère d'Ovize, il réussit enfin à produire des cotonnades. Désormais Thizy avait trouvé sa voie définitive; ses industriels, qui avaient graduellement inventé ou installé la fabrication des tissus coloriés, des tissus de laine, des tissus de bourrette (déchets de soie), des tissus d'ameublement, etc., avaient en mains les moyens de développer leur commerce d'une façon prodigieuse. Le succès fut rapide. Vers 1875, la chambre de commerce de Manchester, inquiétée par les progrès de Thizy et de Roanne qui suivait l'exemple, signalait dans un rapport l'extension considérable de l'industrie à Thizy.

Il a fallu, il faut encore aux fabricants une confiance et une ardeur sans bornes pour réussir. Le site est fort ingrat : on ne trouve de la place pour construire qu'en abattant des pans entiers de montagne granitique; il n'y a pas d'eau, on doit se contenter de maigres puits ou de l'eau des citernes et utiliser indéfiniment le produit de la condensation de la vapeur pour faire marcher les vastes usines construites à la place de l'aire féodale. Ce qu'on a dépensé ici d'ingéniosité est inouï, mais on a créé un article spécial, l'article de Thizy, fait surgir un grand centre et maintenu dans les montagnes des milliers d'ouvriers.

On a créé un article de Thizy, ai-je dit, mais cet article se répartit sur une foule d'étoffes, fort diverses d'aspect. Ici se font la toile dite de Vichy, la flanelle de coton, les doublures, le tablier, tous articles connus sous le nom un peu vague de cotonnade. Le coton sous les mains des fabricants de Thizy s'est assoupli et transformé. Au moyen de cette « laine de la Louisiane », comme ils disent avec un brin d'ironie et un brin d'amour-propre, ils imitent la laine à ravir et obtiennent des tissus et des doublures fantaisie simulant l'article de Roubaix ; même la laine s'introduit un peu dans la fabrication. A côté de ces produits des usines, les tisserands de la montagne continuent à fournir par dizaines de mille pièces l'article de Castres ou « péruvienne ».

Cela ne suffit pas encore à l'activité des fabricants. Sans cesse ils cherchent des voies nouvelles ; j'ai vu, dans quelques usines, des étoffes d'ameublement très élégantes, dénotant une supériorité artistique sur les produits du Nord. Là encore le coton chiné, pour lequel nous étions tributaires de l'Angleterre, est obtenu en fripant le tissu entre des cylindres ; à côté, on fait du satin de Chine au moyen de machines frappeuses, puis c'est l'impression sur des tissus écrus, donnant des étoffes à très bas prix, depuis 30 centimes le mètre. Au moyen des débris des filatures et des tissages de soie, avec la bourrette à peine palpable, qui est cardée, filée, teinte et tissée, on produit des étoffes très variées, des couvertures surtout, douces au toucher. Ces couvertures voyantes, si fines, vendues à Paris dans les cafés du boulevard par des Arabes, ne sont autre chose que les couvertures en bourre de soie de Thizy ; elles n'ont rien d'africain que le vendeur ; encore vient-il parfois des Batignolles, sa gandoura est-elle en calicot de Rouen et son burnous et son haïk viennent-ils de Tarare ou d'Amplepuis.

Les couvre-pieds de soie sont donc une conquête de Thizy ; ils alimentent un vaste marché en Angleterre, aux Indes et aux États-Unis. Certaines de ces couvertures groupent harmonieusement sept couleurs différentes.

Ce n'est pas tout, Thizy fabrique encore la toile de bourrette, dite toile amiantine pour gargousses ou sachets à poudre pour canons ; cette toile est utilisée depuis trente ans par toutes les nations civilisées, pourvues d'artillerie moderne. Les filatures de Thizy approvisionnent ou ont approvisionné, on peut le dire, les fabricants d'amiantine du monde entier.

Thizy fabrique encore des écharpes et des pagnes pour le Soudan ; avant les troubles africains, il envoyait au Bornou de 40,000 à 50,000 kilogr. de fil de bourrette. Le Maroc achète à Thizy des fils de coton remplis de nœuds et d'aspérités imitant les bourres de la laine ; ce n'a pas été sans peine que M. Paillac a réussi à imiter ces imperfections.

Calais vient à Thizy chercher une partie de sa matière première ; le produit brut valait 1 fr. le kilogramme ; en partant pour Calais, où le fil se transforme en dentelles, il vaut 18 à 20 fr.

Les industries annexes ont naturellement suivi cette impulsion, Thizy et Bourg-de-Thizy ont d'importants ateliers d'impression de teinture, de blanchiment et d'apprêts. Les tissus des Vosges viennent s'y transformer ; on y gratte les étoffes de coton pour en faire de la flanelle, etc. Du reste, le travail pour l'Est est chose ancienne dans ces montagnes. Une petite ville de Saône-et-Loire, Chauffailles, voisine de Thizy, eut le premier blanchissage de coton créé en France, le plus important aussi. Les calicots des Vosges et d'Alsace venaient en bateau par le Doubs et la Saône jusqu'à Chalon, de là à Chauffailles par des fourgons. De nos jours, Chauffailles est un centre pour la soierie.

La population ouvrière est naturellement considérable ; les usines de Thizy emploient 5,000 ouvriers ; il reste encore 6,000 tisseurs à la main dans la montagne. L'énorme développement de l'industrie a fait élever les salaires ; la main-d'œuvre, me dit-on, est plus chère qu'à Lyon.

Mais là aussi se développe le socialisme ; le voisinage de Roanne y a été pour beaucoup. Un moment même la situation fut grave ; à la suite d'une réglementation pour le mesurage des pièces, on vit jusqu'à 10,000 ouvriers en grève dans le Haut-Beaujolais. Depuis lors, un tarif a fait cesser les abus et, malgré des meneurs très actifs, le calme s'est fait ; le médiocre résultat d'un essai de société coopérative y a été pour beaucoup sans doute. Aujourd'hui le principal agitateur s'est fait cabaretier après avoir été nommé député.

En somme, Thizy est dans une situation excellente ; chose rare de nos jours, ce centre se développe sans cesse. Et il a suffi de vingt-cinq ans pour faire passer la bourgade au rang de puissante cité industrielle. C'est une ville active à l'égal des grandes cités de commerce. A parcourir ces belles usines, ces comptoirs, ces magasins immenses où une armée d'employés mesure incessamment les pièces et empile les ballots, on se croirait loin du temps où, pour mesurer les tissus de la montagne, les maisons d'achat recherchaient des auneurs très grands, ayant un pouce développé, car à la halle on mesurait encore au pouce. Les auneurs malins, dit une légende locale, se faisaient même écraser le pouce pour l'élargir !

XV

COURS ET ROANNE

De Thizy à Cours. — Pont-Trambouze. — Cours. — Les couvertures de déchets. — Couvertures à un franc pièce. — Régny. — Roanne et le coton. — Origine de l'industrie de Roanne. — La cotonnade. — Les lainages fantaisie. — Mœurs ouvrières.

Roanne, 25 mai.

La querelle entre Thizy et Cours au sujet du chemin de fer a empêché ces deux villes d'avoir des relations directes. Pour aller en wagon de l'une à l'autre, il faut descendre à Bourg-de-Thizy, où se trouve la principale gare de la ligne de Cours. Les rapports entre les deux centres sont rares il est vrai ; l'industrie de Thizy a pour base le coton, celle de Cours utilise de préférence la laine et, comme coton, les déchets dont sa voisine fait fi. Sa naissance, sa croissance et sa prospérité ne sont pas moins étonnantes que celles de Thizy ; ses procédés de production sont plus curieux encore. C'est un des grands centres du travail de France et il était ignoré avant 1870 !

Cours débute au pied même de la montagne de Thizy ; les usines de la Trambouze lui appartiennent. Je me suis rendu par la route de l'une à l'autre ville. La vallée est fort belle. Les prairies sont remplies de beau bétail, les pentes sont couvertes de pâturages, des bouquets de bois couronnent les sommets. De distance en distance quelque usine est assise sur un barrage du petit cours d'eau. Dans cette partie du val, Thizy et Cours fraternisent : là on travaille le coton, ici la laine. Toutes les usines sont neuves, même un village est spontanément né : Pont-Trambouze, d'abord simple section de Mardore, forme aujourd'hui une commune de 237 habitants, embryon peut-être d'une ville. Trois fabriques de couvertures, plusieurs fabriques de cotonnades s'y sont installées, occupant les ouvriers venus des communes voisines. Pont-Trambouze est au pied du crêt du Perray, jolie montagne boisée où passe la limite de la Loire et du Rhône ; sur l'autre versant est le village de Lagresle où s'est déroulé un des plus curieux incidents de la lutte économique. Ce bourg, peuplé de près de 2,500 habitants, est un des grands centres de tissage à la main pour l'article de Thizy ; les ouvriers ont choisi un conseil municipal socialiste qui a voulu créer une société de coopération et de consommation. L'entreprise était intéressante, aussi a-t-elle été aidée par l'État ; gérée avec imprévoyance elle s'est traduit pour la commune par un accroissement d'impôts.

Au delà de Pont-Trambouze la vallée s'élargit, le large bassin de Cours s'entr'ouvre, étalant des pentes couvertes de pâturages et de bois, égayées par les toits rouges des hameaux. La ville en occupe le fond, amplement assise au-dessus de plusieurs ravins au fond desquels, sur de maigres ruisseaux, sont installées des usines : bâtiments bas couvrant une vaste superficie et éclairés par des jours prenant sur les toits. Cette disposition des manufactures au-dessous de la ville, en des ravins n'ayant pas vue l'un sur l'autre, ôte à Cours son caractère industriel. De belles maisons entourées de grands jardins et des parcs superbes montrent que l'on n'a pas eu à compter ici avec le terrain comme sur l'étroite crête de Thizy. La rue principale s'est bâtie sur la grande route de Thizy à Chauffailles. C'est le bourg primitif, tel qu'il existait avant 1870. Depuis lors il s'est complété par des rues transversales et des embryons de faubourgs avoisinant les fonds de vallée ; avant la guerre, il y avait 3,500 habitants à peine, il y en a 7,000 aujourd'hui et la progression n'est pas finie sans doute.

Jusqu'alors Cours était une simple annexe de

Thizy, ses artisans étaient des tisseurs à la main, fabriquant des cotonnades. Un industriel, escomptant l'abondance et le bon marché de la main-d'œuvre, vint y installer une fabrique de couvertures de coton et de laine tramée sur coton. Sa réussite fit naître d'autres maisons. Cherchant une voie nouvelle, comprenant qu'ils seraient mal placés pour lutter contre Lyon et Orléans dont les couvertures de laine ont une réputation ancienne, ils se mirent à fabriquer l'article à bas prix. Tout fut bon pour cela. Déjà le coton imitait la laine, d'autres produits vinrent imiter le coton. Tous les déchets des autres fabrications, les chiffons de coton et de laine réduits en charpie, — ce qu'on appelle renaissance, — les poils de veau et de chevreau provenant des mégisseries, la bourre de soie, les balayures de filature et de tissage, les filaments volant dans les ateliers d'apprêts ; poussière de soie, de coton, de lin, de chanvre, de jute, etc., semblables à ce duvet qui se forme sous les meubles dans les maisons mal tenues, vinrent à Cours subir des préparations mystérieuses. Associés à des doses plus ou moins fortes, selon la qualité, de coton brut des Indes et de laine de Verviers, ces produits cardés, ensimés et filés, puis tissés sur chaîne coton deviennent des couvertures de lit ou de voyage, des courtepointes, du molleton imprimé ou teint, des couvertures de cheval, des rideaux, des portières, des tapis de table et d'ameublement.

Et malgré ces matières hétéroclites, tout cela a bonne apparence, la teinture, l'apprêt, le goût inné chez nos industriels ont permis de faire des couvertures séduisantes à l'œil. Il convient de dire que les marchandises où la laine pure et le coton vierge entrent à l'état de soupçon ne se vendent par cher; les Brésiliens font leurs délices de couvertures coûtant de 1 fr. à 2 fr. 50 c. Pour ce prix on ne saurait exiger une couverture en poil de mérinos. D'ailleurs Cours fabrique aussi des couvertures entièrement en coton, d'autres en bourre de soie comme à Thizy, d'autres mi-laine, mais son commerce le plus important est le produit à très bon marché.

A Cours seulement, il y a 15 usines, dont quelques-unes sont considérables, leurs hangars à déchets sont d'une capacité incroyable. Dans ces ateliers travaillent de 1,500 à 1,600 ouvriers. Avec les fabriques d'Amplepuis, de Thizy et de Pont-Trambouze, la couverture de laine renaissance donne lieu chaque année à un mouvement de près de huit millions. Cette fortune a failli être détruite par une grève formidable, mais celle-ci a pris fin; aujourd'hui c'est contre le régime protectionniste que doit lutter Cours, ses débouchés en Suisse, en Allemagne et en Espagne ont été fermés par la rupture des relations commerciales.

J'aurais voulu poursuivre mon excursion dans les montagnes jusqu'à Belmont, pour y visiter ces hameaux où l'industrie lyonnaise, par ses moulinages et ses tissages, a apporté l'aisance, mais cela m'éloigne de Roanne ; un dernier coup d'œil aux rues proprettes de Cours, à ses grandes écoles, monuments dont s'enorgueillit le plus la jeune cité, et je prends le chemin de la gare.

Le chemin de fer, création des industriels de Cours, est une ligne à voie large, elle leur apporte sans transbordement les déchets nécessaires à leur industrie et le charbon indispensable à leurs chaudières ; là encore, en dehors des économies sur les transports, la ligne, longue de 14 kilomètres, rémunère les capitaux.

Cette création, en un laps de temps si court, d'un grand centre pourvu de tous ses organes, à 600 mètres au-dessus de la mer, est tout à l'honneur du génie industriel de ce pays.

A Saint-Victor on retrouve la grande ligne du Bourbonnais, elle continue à descendre la vallée du Rhins, plus large, plus riche, plus ensoleillée ; mais un centre unique de population s'est constitué, c'est Régny, petite ville où les diverses industries de la région ont des représentants : on y fabrique des couvertures comme à Cours, des cotonnades comme à Roanne et Thizy, du linge de table comme à Panissières ; il y a des impressions

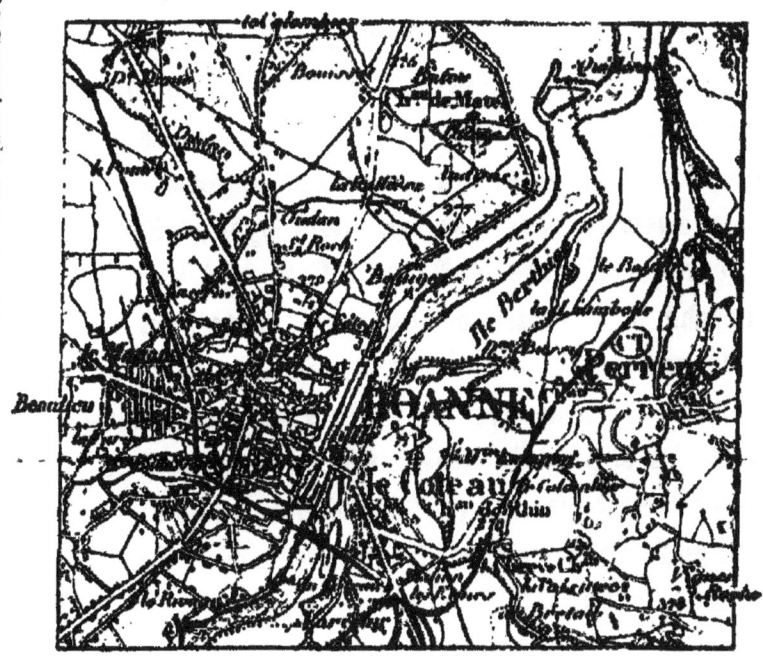

sur étoffes, des teintureries ; enfin l'importante fabrique des crayons Conté, qui occupe une centaine d'ouvriers, s'y est installée. A partir de ce point il n'y a ni ville, ni village dans le fond de la vallée. Celle-ci, en approchant de la Loire, s'élargit et finit par se confondre avec la plaine de Roanne. La ligne de Lyon rejoint au Coteau celles de Cluny et de Saint-Étienne et franchit la Loire sur les mêmes rails qu'elles pour traverser le vaste hall de la gare de Roanne.

Dès les premiers pas on devine une cité vivante et croissante. Un beau jardin public avoisine la station, au delà commencent d'interminables rues parcourues par des omnibus, où l'animation est grande. Dans cette vaste plaine on a pu tailler en plein drap et étendre à l'infini le réseau des rues, aussi n'a-t-on pas, comme à Lyon, à Saint-Étienne, à Tarare, à Rive-de-Gier et à Vienne, cherché à s'étendre en hauteur : rares sont les maisons ayant plus de deux étages, la ville y perd peut-être en majesté, mais elle y gagne en salubrité. La superficie bâtie atteint deux kilomètres et demi en tous sens ; si on ajoute à la ville la commune du Coteau, sur la rive droite de la Loire, il y a de l'est à l'ouest des constructions sur quatre kilomètres. C'est largement suffisant pour une population de 100,000 âmes — Roubaix n'est guère plus étendu — cependant il n'y a à Roanne que 31,000 habitants, 34,000 en comptant le Coteau. Il n'y en avait pas 6,000 au début du siècle ; en 1864, alors que l'industrie existait déjà, il y en avait 17,000 à peine.

Roanne est donc une ville moderne, on y chercherait vainement des traces du passé ; s'il en reste, elles sont noyées dans la masse des constructions neuves.

En somme, en dehors de deux belles églises modernes : Saint-Étienne et Notre-Dame-des-Victoires, assez heureux pastiche gothique, bien qu'un peu froid et nu, et d'un hôtel de ville assez ornemental, les véritables monuments de Roanne sont sa gare et ses usines ; c'est aussi son port, le plus vaste des bassins de la Loire, un des rares ports intérieurs comparables à ceux de l'Allemagne.

De tout cela on se rend bien compte en traversant la ville pour aller au Coteau. On passe devant le bassin où commence vraiment la navigation de la Loire par le canal latéral. Il y a là une flotte considérable, des grues à vapeur, de beaux quais ; un embranchement de chemin de fer y conduit les houilles de la Loire qui, versées dans les chalands, pourraient gagner Paris et une vaste région desservie par les canaux. Cette situation de Roanne à la tête de la navigation a été pour beaucoup dans le développement de la ville, le canal ayant été ouvert en 1838 seulement. En chiffres ronds, le mouvement du port de Roanne est de 300,000 tonnes, dont plus de 150,000 à la descente. C'est le quinzième port français par le mouvement. Ce serait bien plus considérable encore si le canal atteignait enfin le bassin houiller de la Loire.

Du Coteau, vaste et tranquille ville dont la gare de marchandises, servant en grande partie à Roanne a un mouvement presque égal à celui de sa voisine (157,000 tonnes contre 196,000), surtout du beau pont qui réunit les deux rives, Roanne apparaît immense, tant se prolonge loin la forêt de cheminées de ses usines. Bien peu de cités industrielles présentent un aussi saisissant spectacle. Et cependant tout cela est neuf : sur les 3,804 chevaux-vapeur de l'arrondissement de Roanne, plus de 2,000, dans la ville seule, n'existaient pas en 1870. Roanne a profité des essais de Thizy, mais, grâce à sa situation au bord d'une large rivière, sur plusieurs chemins de fer et sur le canal, elle a pris un développement plus prodigieux encore.

Avant la guerre Roanne était déjà un centre cotonnier, la grande région de tissage en Beaujolais s'était de bonne heure étendue jusqu'aux monts du Forez et du Charollais. Dans le Roannais, dès le siècle dernier, tous les paysans filaient et tissaient chez eux le coton. Dès 1750 la quantité de coton introduite dans le pays atteignait trois millions et demi, une fois travaillé il représentait une somme de six millions. Les fileuses achetaient au marché le coton brut et allaient le revendre au même endroit. D'après un intéressant exposé de la chambre de commerce de Roanne, le bénéfice de chaque ouvrière était de 6 à 9 sous par jour, c'est-à-dire de 12 à 18 d'aujourd'hui. Un peu avant la Révolution, le cardage et la filature mécaniques naissaient à Saint-Germain-Laval, 50 à 60 métiers à peine. Le Roannais tout entier comptait 2,836 métiers pour le tissage ; la fabrication des tissus lin et coton occupait 16,000 ouvriers.

Sous la République et l'Empire quelques filatures se créaient, mais les guerres eurent une influence funeste ; vers 1809 le nombre des métiers était descendu à 2,500 et le chiffre des ouvriers se réduisait à 10,000. Avec la paix le Roannais prospère de nouveau ; de 1820 à 1835 la filature mécanique remplace rapidement la filature à la main, le nombre de broches s'élève à 60,000. Mais le travail restait confiné à la campagne, le premier métier à tisser fonctionnant en ville apparut en 1833, l'exemple fut vite suivi à Roanne et dans les communes voisines, Riorges et le Coteau ; on comptait 900 métiers à la main lorsque tomba la monarchie de Juillet. Mais cette apparition du tissage coïncida avec le déclin de la filature, les fabricants trouvaient avantage à s'approvisionner de filés à Rouen.

Le tissage mécanique faisait peu de progrès cependant ; vers la fin du second Empire les 15,000 ouvriers de l'arrondissement travaillaient pour la plupart à la main, chez eux. Après la guerre la tentative de M. Ovize, à Thizy, vint indiquer la voie. Les premiers, MM. Raffin frères firent construire un tissage mécanique ; comme à Thizy, le mouvement se produisit avec un essor prodigieux. Mais l'antique et presque exclusive fabrication du tablier ne pouvait suffire à alimenter les manufactures, Roanne entreprit la fabrication de la toile dite de Vichy, bien que Vichy n'en fabrique pas ; le nom de ce produit vient d'une usine créée près de Cusset, aux Grivota, et qui, de 1855 à 1860, lança la *toile de Vichy :* elle brûla et n'a pas été relevée depuis ; les tissus vendus à Vichy sous ce nom viennent du Roannais et du Beaujolais.

Les usines aussitôt créées atteignent la perfection, les métiers à tisser sont modifiés à mesure que les inventions nouvelles apportent un avantage. En une seule année, de 1875 à 1876, le nombre des métiers mécaniques monte de 1,165 à 1,700. Alors déjà Roanne produit 7 millions de mètres. En 1890 le nombre des usines est de 15.

La place commence à être connue, de tous les points accourent des acheteurs. Les machines sont arrivées à donner aux tissus plus de brillant, plus de régularité, plus d'aspect que le métier à la main, la décadence de ce dernier devient irrémédiable. Les filés arrivent écrus de Normandie et de Suisse, Roanne les teint, multiplie les couleurs, les dessins, les dispositions ; c'est toujours du coton pour habillement et cependant la variété des teintes et des aspects est telle que la chambre de commerce a pu relever une collection de 8,000 échantillons.

Roanne ne pouvait suffire à alimenter de bras toutes ces usines qui, en 1886, atteignaient le nombre de 30, il lui fallut faire appel au dehors; les montagnes du Forez, du Charollais, du Beaujolais et du Lyonnais présentaient heureusement un inépuisable réservoir ; de 1872 à 1886, 3,000 ouvriers, des paysans réduits à la gêne par le morcellement excessif de la propriété, descendaient du haut pays pour venir demeurer à Roanne et au Coteau. Mais, par leur caractère d'émigrants sans racines encore dans cette ville presque neuve, les travailleurs étaient désignés aux agitateurs, qui ne manquèrent pas de fomenter les grèves. Roanne comme Roubaix, comme Fourmies, comme Carmaux est une proie bien tentante. En 1882, la secousse fut telle qu'on put craindre de voir cette prospérité frappée à mort. Roanne s'est relevée cependant, plus active que jamais, mais ses industriels ne sont jamais sans inquiétude ; l'un d'eux, le plus important, a même fait construire des usines en Saône-et-Loire pour ne pas être exposé à arrêter brusquement ses affaires.

Actuellement le tissage mécanique du coton occupe à Roanne 9,000 métiers, 4,000 hommes et 5,000 femmes, produisant plus de trente millions de mètres. La montagne voisine conserve encore 2,000 métiers à main dont les produits sont évalués à dix millions de mètres. Au total 740,000 pièces de 55 mètres en 1892.

Roanne a dû la place considérable qu'elle occupe dans l'industrie française à l'énergie et à la persévérance des chefs de maisons ; ils ont jeté leurs capitaux sans compter et créé de toutes pièces un organisme nouveau ; le bon goût et l'immense variété des produits, la perfection dans la teinture et les apprêts — certaines teintureries occupent de 150 à 200 ouvriers — ont assuré à ce grand centre une situation exceptionnelle. Mais la rupture des relations avec la Suisse a enlevé aux Roannais d'importants débouchés. Les autres pays où le commerce reste un peu actif sont la Belgique, la Hollande, la République argentine et le Portugal. D'ailleurs l'article de Roanne va dans le monde entier.

Chaque année Roanne emploie six millions de kilogrammes de filés de coton et, pour une industrie encore à ses débuts, mais déjà florissante, celle des lainages, 300,000 kilogrammes de laine filée. C'est une quantité de matières premières valant 15 millions. Transformé, le coton seul vaut 30 millions.

Quant aux lainages qui occupent aujourd'hui 50 fabricants, c'est une industrie dont les progrès sont peut-être plus surprenants encore que ceux de la cotonnade. Vers 1857 une dame Guyon créa une fabrique de lainage fantaisie, châles et fichus. Son exemple fut imité peu à peu ; dès 1864 il y avait dans l'arrondissement 2,000 ouvrières. Il semblait que ce fût le maximum à atteindre, quand, il y a douze ou treize ans, les fabricants se mirent à fabriquer de nouveaux articles : capotes, capulets, capelines, manteaux, robes et bonnets d'enfants, etc., aussitôt on vit se produire un accroissement merveilleux. La valeur des objets confectionnés dépasse aujourd'hui 9 millions de francs.

Cette industrie est surtout intéressante par son caractère champêtre. Sauf trois usines montées à Roanne avec des métiers allemands, au nombre de

25, tout se fait à la campagne. La paysanne gardant sa vache ou ses dindons manie en même temps le crochet. Toutes les communes de la région, dans la plaine et la montagne, travaillent pour Roanne : 20,000 femmes ou jeunes filles trouvent là un supplément de ressources. Les jours de marché elles viennent en ville rendre leur travail et prendre les modèles nouveaux, dont la création est incessante pour pouvoir répondre au goût des consommateurs. Dans les cantons trop éloignés, des contremaîtresses ayant parfois un rayon d'action de 30 kilomètres centralisent le travail et le rapportent à Roanne, tous les huit ou quinze jours. Les ouvrières qui n'ont pas à s'occuper d'un ménage peuvent gagner de 1 fr. à 1 fr. 50 c. par jour. Les lainages fantaisie répandent chaque année trois millions de salaires dans les campagnes.

De même que les cotonniers, les lainiers, au nombre de 60, y compris ceux de l'arrondissement, achètent leurs filés au dehors, à Amiens, Roubaix, Tourcoing et Fourmies notamment.

Ce sont les deux grandes industries de Roanne. A côté, les tanneries fort considérables et la grande scierie du Coteau méritent cependant une mention : les cuirs seuls entrent pour quatre millions dans le chiffre d'affaires.

Dans le milieu urbain de Roanne l'élément ouvrier n'existe donc nombreux que pour la cotonnade, mais il est fort considérable ; avec les annexes, c'est une population de 11,000 à 12,000 travailleurs. Les salaires varient assez, la chambre de commerce évalue le rapport quotidien du métier de 3 fr. à 3 fr. 50 c., selon l'habileté, sans distinction de sexe, la femme gagnant autant que l'homme. Dans une des usines que j'ai visitées, occupant 600 ouvriers, les salaires s'élèvent par métier jusqu'à 4 fr. 10 c. ou 4 fr. 20 c., la moyenne atteint 3 fr. 85 c. Pour quelques services spéciaux, tels que les pareurs et les gareurs, le salaire peut s'élever à 6 fr. ou 6 fr. 50 c. ; par contre les bobineuses n'ont que de 2 fr. à 2 fr. 25 c. Le tisseur à la main, à la campagne, se fait de 1 fr. à 1 fr. 25 c., mais il a son champ, sa maison et la vie est moins chère. La durée du travail est de 10 heures, dans les autres centres cotonniers elle est de 11. Aussi voudrait-on, sinon augmenter d'une heure la durée de la journée, au moins voir ramener ailleurs la journée à 10 heures. Roanne, grâce à ses qualités d'initiative et de persévérance, verrait alors créer des usines nouvelles.

Le samedi est à Roanne un jour de repos comme en Angleterre.

En somme, sans les excitations socialistes, cette

population serait heureuse. L'alcool y est inconnu, on n'y boit que du vin, de bonne qualité. Ouvriers et ouvrières sont très soigneux de leur personne, même fort élégants ; à voir la population le dimanche on ne croirait jamais qu'elle se compose de travailleurs de l'usine. Nulle part, dans aucune ville industrielle, on ne rencontre autant de bien être apparent. Et tout cela est à la merci d'une grève! Combien plus heureux étaient les Roannais quand, au lieu de s'empiler dans les meetings, ils allaient passer le dimanche dans leurs montagnes natales ou faire des parties de plaisir sur les bords de la Loire si encaissés et sauvages en amont de la ville, si larges en aval, où le fleuve prend décidément le caractère errant qu'il aura plus loin, avec ses bancs de sable, ses îles et les riches vignobles de ses coteaux.

XVI

LE BERCEAU DE FÉLIX FAURE

La vallée de la Brevenne. — Meys, village natal de la famille Félix Faure. — Sainte-Foy-l'Argentière et ses mines — Bessenay et ses chapeliers. — Sain-Bel et ses pyrites. — L'Arbresle et ses industries. — Le mont Arjoux et le mont Popey. — Les vignobles de l'Azergues.

Chazay-d'Azergues, 20 mai.

En dépit des deux grands fleuves qui le bordent dans toute sa longueur, le département du Rhône est surtout le bassin de la petite rivière d'Azergues. La partie qui regarde directement le Rhône et la Saône est fort étroite entre les montagnes et le profond fossé des deux puissants cours d'eau, et le versant tourné vers la Loire est d'une médiocre étendue. Tout ce département, le plus petit après celui de la Seine, se compose à l'intérieur de trois vallées principales, larges, bordées de sommets élevés qui se réunissent aux abords de l'Arbresle. Dans cette ville même, la Brevenne, venue des environs de Chazelles, reçoit la Turdine; un peu plus loin, elle rejoint l'Azergues, venue des monts du Beaujolais et, ensemble, elles portent à la Saône les eaux d'une des régions les plus intéressantes de France, une des moins connues aussi, malgré le voisinage immédiat de Lyon. L'Azergues a drainé 90,000 hectares dans les montagnes du Lyonnais et du Beaujolais; c'est le tiers de la superficie totale du département.

Mais les montagnes, malgré leur hauteur relative, ne possèdent ni glaciers, ni champs de neige; elles forment des chaînes très étroites, aux pentes très raides, aussi n'emmagasinent-elles ni eaux hivernales, ni eaux pluviales abondantes. Aussi l'industrie est-elle moins active qu'on pourrait le supposer, la force motrice naturelle manque et Lyon n'a pu y créer des succursales comparables à celles du Dauphiné et de la Savoie. Sans Tarare et un peu l'Arbresle, le pays tout entier serait resté agricole, livré aux vignerons et aux éleveurs; l'industrie se serait bornée à quelques moulins ou scieries et au tissage à la main dans les campagnes.

Mais les vallées, celles de la Brevenne et de l'Azergues surtout, sont fort belles; leurs eaux sont claires et le paysage devient parfois grandiose.

La vallée d'Azergues, encore dépourvue de chemins de fer — on achève une ligne de Lyon à

Paray-le-Monial[1], — est d'accès difficile pour le touriste pressé. L'autre, au contraire, est traversée de l'embouchure à la source par le chemin de fer de Lyon à Montbrison ; elle est devenue pour le tourisme lyonnais un rendez-vous classique ; le club alpin en explore fréquemment les sommets. Certes, ce ne sont pas les Alpes, mais c'est un champ d'entraînement excellent.

La Brevenne naissante croise le chemin de fer à l'endroit où celui-ci troue par un tunnel la ligne de faîte entre le Rhône et la Loire, pour gagner le vallon de l'Anzieu ; ce tunnel a 625 mètres, les eaux allant au Rhône et à la Méditerranée sont donc séparées par une étroite arête couronnée par le village de Viricelles, dont les toits déversent leurs eaux pluviales de chaque côté de la ligne de partage.

La vallée de la Brevenne, à la tête des eaux, est large et sans grand caractère ; le fond de prairies est triste, c'est un coin de haut plateau marécageux. En effet, le ruisseau est ici à une altitude de 500 mètres, entre des montagnes dépassant à peine de 200 mètres le fond du vallon. Meys, qui domine la source et d'où était originaire le père de M. Félix Faure, le Président de la République,

---

1. Cette ligne a été ouverte entre Lozanne à Lamure-d'Azergues le 4 octobre 1895 ; le complément sera ouvert en 1896 ou 1897.

est à 636 mètres. Les montagnes sont tristes ici avec leurs rares villages et leurs bouquets de pins.

A mesure que le train avance, le paysage se transforme. La rivière, accrue par de nombreux ruisseaux, descend rapidement, les versants se resserrent, les montagnes se haussent et le site prend une réelle grandeur. Le fond de la vallée n'est plus qu'à 400 mètres et les croupes voisines atteignent près de 900 mètres; au delà de Sainte-Foy-l'Argentière, cette altitude est encore dépassée.

Le hameau de l'Argentière est comme au seuil de la partie vraiment belle. Sur les pentes couvertes de grands arbres dominant le rideau des montagnes de Chamousset, les vastes constructions d'un séminaire s'étalent largement. Le paysage est heureux : bois, champs, prés, hameaux se succèdent jusqu'au sommet des montagnes.

Un moment le site se rembrunit : des fumées noires d'usines, des puits de houille entourent une petite ville aux constructions régulières, près de laquelle est un vieux château flanqué de tours. Nous sommes à Sainte-Foy-l'Argentière, au centre d'un petit bassin houiller activement exploité, mais dont la production est peu considérable

(45,000 tonnes par année). Si les charbons ne valent pas ceux de la Loire, ils trouvent sur place dans le chauffage des foyers domestiques et dans les ateliers un emploi considérable. Une fabrique de porcelaine et de grès, une vaste tuilerie se sont installées à portée du combustible et occupent un grand nombre d'ouvriers; dans un vallon latéral, à Saint-Genis, un tissage mécanique de soieries occupe 110 métiers.

Sainte-Foy est trop peu peuplé (1,200 à 1,300 habitants seulement) pour pouvoir longtemps enfumer la vallée. A peine a-t-on dépassé la gare et le ciel redevient clair. La Brevenne, plus profondément encaissée encore, n'a livré passage au chemin de fer qu'au prix de tunnels, de tranchées, de viaducs qui se succèdent au sein d'une nature d'une sauvagerie charmante.

Des rochers couverts de bruyères, des taillis de chênes, des bois de pins couvrent les flancs de la gorge; la Brevenne, claire et mutine, coule sous un berceau d'aulnes, se brisant de roche en roche, écumant, faisant retentir le défilé d'un bruit continu de cascatelles. A chaque instant s'ouvrent dans la montagne des gorges, des ravins, des vallons étroits et sombres dont les lèvres sont couvertes de belles plantations de châtaigniers et de noyers. Sur les crêtes sont des villages : Brussieu, Courzieu, Bessenay, mais l'abîme est si profond qu'on ne peut les apercevoir. Toute la région est fort accidentée, coupée de vallons qui sont presque des fissures. Un instant avant la gare de Bessenay, la vallée s'élargit un peu, des prairies bordent la Brevenne, puis les gorges recommencent, moins âpres toutefois.

Le pays est devenu plus vivant, sur les pentes les hameaux se pressent, même un village, Bessenay, peuplé en partie de chapeliers, a les allures d'une petite ville. Des abords du bourg on a une vue superbe sur les montagnes, la belle pyramide du mont Pattu et la chaîne régulière de Saint-Bonnet-le-Froid. Bessenay est un centre pour les excursionnistes ; de là à Sain-Bel, la Brevenne court au pied de jolis rochers, mais déjà les flancs de la vallée se tapissent de vignes, les maisons sont nombreuses et annoncent l'approche d'un centre vivant.

Sain-Bel est un des points les plus prospères et les plus pittoresques de la montagne. Partie au bord de la rivière, partie sur les flancs d'un coteau couvert par les ruines d'un château, partie dans le vallon adjacent du Trézoncle, la petite ville a conservé son caractère féodal, tout en devenant un centre industriel très actif. Des ateliers de tissage de soieries y emploient beaucoup de bras, moins cependant que le tissage à la main dans les maisons. Mais les mines de pyrite situées dans un vallon, à deux kilomètres au sud-est, près de Saint-Pierre-la-Palud, lui donnent surtout son importance économique. Ces mines, les plus importantes de France, « la plus grande mine métallique française », qui donnent chaque année 240,000 tonnes de ces minerais, employés pour la fabrication de l'acide sulfurique, appartiennent aujourd'hui à la Compagnie de Saint-Gobain. Elles sont connues depuis longtemps et font partie du bassin de Chessy, dans la vallée d'Azergues. Notre pays, si pauvre en minerai de cuivre, put longtemps croire qu'il y avait là une ressource précieuse; Jacques Cœur, le célèbre argentier de Louis XI, ce précurseur de nos grands entrepreneurs d'affaires, acheta les mines pour les exploiter; plus tard elles devinrent la propriété des moines de Savigny. A partir de 1811, l'exploitation, jusque-là modérée, devint très active, les progrès de l'industrie des produits chimiques donnèrent à la pyrite une valeur bien plus grande que celle du minerai de cuivre lui-même, d'ailleurs peu riche. Une exploitation active ne tarda pas à appauvrir la mine et, en 1878, on abandonna complètement les travaux pour porter tout l'effort vers

Sain-Bel, où, depuis le siècle dernier, l'exploitation ne cessait de s'accroître.

Aujourd'hui 700 ouvriers fouillent le sol à une profondeur de 150 mètres pour en extraire la pyrite, dont le gisement est long de 1,600 mètres environ et contient encore des minerais pour un demi-siècle. Au nord, des filons, jadis exploités pour le cuivre, en contiennent encore un peu; ils ont de 1 à 8 mètres; une masse non cuivreuse a une épaisseur de 30 mètres. Au sud, les couches sont plus puissantes : épaisses en moyenne de 4 à 8 mètres, elles ont quelquefois de 20 à 40 mètres de minerai très pur, contenant 51 à 52 p. 100 de soufre et 45 p. 100 de fer[1]. Les mines s'ouvrent à 150 mètres au-dessus de la Brevenne, mais le minerai étant sensiblement à hauteur du thalweg de la rivière, on a pu créer une galerie d'écoulement sur toute la longueur des travaux, elle amène à Sain-Bel les eaux de la mine. Ces eaux, très chargées de sulfates métalliques, pourraient empoisonner celles de la rivière; on doit les neutraliser en les mélangeant de lait de chaux et en faisant décanter. L'eau s'en va claire, laissant un dépôt appelé boue de Sain-Bel, employé soit en

---

[1]. Ces renseignements ont été fournis au congrès de l'Industrie minér. le par M. Drillon, directeur de l'exploitation, au cours d'une visite de ce congrès en 1894.

agriculture sous le nom de plâtre ferreux, soit pour l'épuration du gaz d'éclairage sous le nom de terre de Sain-Bel.

Dans la région sud on a commencé l'exploitation, en 1876 seulement, par la mise en activité du puits Saint-Gobain. L'installation est naturellement plus perfectionnée que dans l'ancienne exploitation.

Le minerai amené au jour est concassé et broyé; en sortant des broyeurs il est culbuté dans des bennes qu'une chaîne flottante, longue de 1,632 mètres, conduit à la gare de Sain-Bel, où le contenu est versé dans les wagons.

Le paysage de Sain-Bel est fort joli dans la petite vallée du Trézoucle. Là, à une demi-lieue seulement, dans un beau bassin de prairies et de vergers, fermé par de hautes collines, est le gros bourg de Savigny, dont les Bénédictins furent jadis seigneurs de la région de l'Arbresle. Peu d'abbayes durent être plus riches, car Savigny a conservé des débris précieux d'un élégant passé. Le bourg, étalé sur une colline bien exposée au midi, présente à chaque pas de curieuses maisons blasonnées aux armes des moines, barons de Savigny. Çà et là, des restes d'églises, de tours, de remparts, les débris d'un cloître causent à tout instant une surprise nouvelle. La tour qui marquait orgueilleusement l'entrée de l'abbaye est devenue la tour de l'horloge. Malgré des démolitions regrettables, Savigny n'en reste pas moins un des plus curieux spécimens de ces villes monacales dont les religieux n'étaient pas des maîtres moins orgueilleux que les autres barons féodaux. A la fin de l'ancien régime, cette splendeur était bien déchue : l'abbaye était en commende et attribuée à l'évêque de Riez en Provence; il en tirait 11,000 livres, — plus de 20,000 fr. de notre monnaie; — c'était donc encore une des plus riches du royaume.

Aujourd'hui Savigny, situé à l'écart du chemin de fer, est à peine soupçonné, mais pendant l'été les visiteurs sont assez nombreux. C'est le point de départ pour les excursions dans le massif un peu confus, mais assez élevé, du mont Pélerat, dont quelques cimes sont très belles; le mont d'Arjoux notamment, qui n'est pas le point culminant, mais dont la forme régulière, l'isolement au-dessus de ravins qui se creusent à 300 mètres de profondeur, font un incomparable belvédère. De cette cime, à 817 mètres d'altitude, encombrée de rochers et tapissée de bruyères, on domine les profondes vallées de la Brevenne et de la Turdine, et l'on a sur l'ensemble de la région montagneuse, des monts d'Yzeron aux monts de Tarare, des sources de la Coise aux monts du Beaujolais, une vue immense. La région immédiate est une des plus fraîches et des plus riantes du Lyonnais.

De l'Arjoux, un chemin m'a conduit au mont Popey, terminé par une cime aiguë. C'est encore un observatoire admirable sur la vallée de la Turdine, si riante avec ses beaux vignobles, ses pentes vertes, ses champs de maïs, sa rivière bordée de rochers, ses maisons aux portes et aux fenêtres encadrées de pierre jaune, leurs toits plats d'un rouge vif. Tout ce beau paysage avec, au premier plan, le bassin de Bully dont on cherche à faire une station balnéaire, se présente sous de multiples aspects lorsqu'on descend à Saint-Romain-de-Popey, par la route en corniche aboutissant au château d'Avauges, propriété de la riche famille d'Albon, dont un des titres féodaux n'était rien moins que celui de roi... d'Yvetot[1]. Un autre chemin moins curieux, au sein d'une jolie campagne, aboutit à la gare de Saint-Romain; en quelques minutes le chemin de fer me dépose dans la gare de l'Arbresle.

Cette petite ville est une des plus vivantes du

---

1. Voir 6ᵉ série du *Voyage en France* au chapitre *le Royaume d'Yvetot*.

Rhône, les chemins de fer et l'industrie lui assurent un bel avenir. Il y a soixante ans, elle avait 700 habitants à peine, elle en a près de 4,000 aujourd'hui. De tous temps ce fut un centre par sa situation à la jonction de la Turdine et de la Brevenne et son voisinage de la vallée d'Azergues. C'était donc le point obligé de croisement de toutes les routes, ses cours d'eau lui donnaient la force motrice, aussi vint-il un moment où les moines de Savigny, se sentant isolés dans leur ville baronniale des bords du Trézoncle, voulurent une capitale moins écartée du reste du monde. Ils s'installèrent à l'Arbresle, sur un rocher abrupt dominant le confluent et qu'un établissement romain surveillant une des grandes routes de la Lyonnaise avait déjà occupé. Ils y construisirent un château fort qui longtemps commanda le pays ; les restes, encore considérables, ont été réparés et servent de logements à de nombreuses familles. Le donjon rétabli, au moins quant à l'aspect, dans son état primitif donne encore un grand caractère à la ville. Comme toutes les constructions de la contrée, comme l'église, il est en grès d'un jaune ardent.

De la plate-forme du donjon on surplombe tout autour, escaladant le rocher, la vieille ville aux toits rouges, la ville moderne étendant au loin ses larges artères qui se prolongent sans cesse ; les deux rivières coulent claires, entre des quais bordés de belles maisons ou de rangées d'arbres ; leurs vallées s'ouvrent largement entre de hautes montagnes, aux formes molles et arrondies du côté de la

Brevenne, plus aiguës vers Tarare. A l'est, les hauteurs sont moins majestueuses, c'est la région des « crêts » qui terminent les Cévennes granitiques et viennent par des collines basses se souder au massif du mont d'Or. Mais ces hauteurs, si elles ont moins de majesté, sont couvertes de vignes et d'arbres fruitiers, de maisons de campagne et de beaux villages.

C'est un des beaux horizons de montagne du Sud-Ouest; au crépuscule, l'aspect de ces vallées profondes est d'un effet magique.

L'Arbresle, dans les vieux quartiers, vaut une visite. Les moines avaient donné à leur capitale des édifices civils, non moins curieux que ceux de Savigny, mais on sent que ces maisons d'habitation sont d'une autre époque, la verve licencieuse des vieux ymagiers s'y est donné libre carrière. Des cours, des escaliers, sont des merveilles. Une grande salle servant aujourd'hui de réfectoire pour un fourneau économique, mérite une visite; d'un pilier central s'élancent, comme les branches d'un palmier, des nervures qui vont marquer les arêtes des voûtes et aboutir aux quatre angles. Puis ces nervures se croisent, marquées d'un écusson au point d'intersection. L'église est charmante; près d'elle, une jolie tour hexagonale se dresse à l'angle d'une maison. La vieille ville entière présente de ces surprises, d'autant plus grandes que la vie commerciale et industrielle est plus active.

Ici, nous nous retrouvons complètement dans le rayon d'action de Lyon : par son industrie, l'Arbresle n'est qu'un faubourg de sa grande voisine, à laquelle la relient deux chemins de fer dont l'un aboutit à Lyon-Saint-Paul par Charbonnières, l'autre à Vaise et à Perrache par Saint-Germain-au-Mont-d'Or. D'importants tissages mécaniques pour les tissus de soie façonnés et écrus, des fabriques de velours occupent un très grand nombre d'ouvriers de la ville et des communes voisines En outre, une grande partie de la population travaille au tissage à la main dans les habitations. Le tic-tac des métiers se fait sans cesse entendre dans l'industrieuse ville.

Autour des usines, sur les bords des routes qui aboutissent à l'Arbresle, des constructions neuves prouvent que le développement continue ; il ne saurait en être autrement pour un centre que les chemins de fer relient à Chazelles, à Tarare et à Thizy, à Villefranche, à la haute vallée d'Azergues et à Lyon. A ces sources de prospérité viendra se joindre peut-être un jour l'exploitation du sous-sol ; la pyrite de cuivre, qu'on n'extrait plus à Chessy, jadis centre minier important et qui abonde encore à Sain-Bel, se rencontre à l'Arbresle, où l'on signale aussi le prolongement du bassin houiller de Sainte-Foy-l'Argentière. La Brevenne et la Turdine ne garderont pas toujours leurs vallées aussi fraîches et immaculées.

Pour sortir de l'Arbresle, le chemin de fer de Saint-Paul monte par de grandes courbes et de fortes rampes sur le plateau de Lentilly, d'où il gagne le romantique vallon de Charbonnières. Il n'a que 23 kilomètres à parcourir pour gagner Lyon. L'autre ligne atteint Perrache après un parcours officiel de 28 kilomètres, de 38 en réalité. On a réduit les distances commerciales pour ramener à une distance sensiblement égale les deux lignes de Lyon à Paris, par la Bourgogne et par le Bourbonnais, qui sont de 512 et de 517 kilomètres.

La ligne de Perrache a dû se frayer un chemin à coups de tunnels entre l'Arbresle et l'endroit où la Brevenne atteint l'Azergues. Ces tunnels débouchant sur le lit de la rivière, très encaissé, bordé de rochers, sont de belles œuvres d'art; ils donnent un grand caractère à cette gorge déjà pittoresque. Avec l'Azergues on se retrouve dans un site plus élargi. La vallée est ample, la rivière très abondante. Le pays est une région agricole fort riche. Des prés, des cultures de céréales et de maïs, beaucoup de vignes entourent les villages perchés aux flancs des montagnes. Un de ces villages, Chazey-d'Azergues, couvre une hauteur qui commande l'entrée de la grande plaine du Beaujolais. Ce fut jadis une ville très forte; les débris de ses remparts, de ses portes, son château lui ont conservé son aspect féodal.

Chazey est en plein centre vignoble; à partir

de là, un brusque détour ramène la rivière d'Azergues vers le nord, où elle rejoint la Saône. Une haute colline se prolonge sur près de 15 kilomètres, en ligne droite, au-dessus des deux rivières, jusqu'à Villefranche. Les pentes sont couvertes d'un interminable tapis de vignes. Les crus, sans atteindre la réputation des vins récoltés au nord-ouest de Villefranche, n'en sont pas moins réputés dans tout le Lyonnais. La commune de Lachassagne, au centre de ce vignoble, a donné son nom à cette variété des vins du Beaujolais. Un moment ruiné par le phylloxéra, ce riche massif, qui s'étend sur les cantons d'Anse, du Bois-d'Oingt et de Villefranche, a repris sa verte parure de vignes ; peut-être même a-t-il dépassé la superficie d'antan. Le produit à l'hectare est le plus considérable du Beaujolais : il varie entre 25 et 32 hectolitres. Ces vignes, reconstituées sur plants américains, donnent chaque année des produits plus abondants et se rapprochant davantage des vins d'autrefois, d'un goût si parfait.

Ces superbes champs de pampres se prolongeant à l'infini sont la beauté de ce débouché de la vallée d'Azergues. Ils témoignent de l'énergie et de la volonté du peuple lyonnais qui a rétabli presque en entier son vignoble. De 38,000 hectares on vit l'étendue des vignes, dans le Rhône, tomber à 29,000 ; aujourd'hui on dépasse 35,000, avant dix ans on aura atteint 40,000.

On voit que les agriculteurs et les vignerons du Rhône possèdent aussi à un très haut degré les qualités qui ont permis à Lyon de constituer en lui et autour de lui le plus puissant foyer industriel de France.

XVII

LA DILIGENCE DES ÉCHARMEAUX

La dernière diligence. — Limonest. — Chessy-les-Mines. — La vallée d'Azergues. — Le col des Écharmeaux. — Un sculpteur primitif. — Le mont Saint-Rigaud. — Le repaire de Ganelon. — Descente à Beaujeu.

Beaujeu, 30 mai.

Ceux qui veulent connaître les charmes et les plaisirs de la diligence autrement que par les récits des grands-pères peuvent, en se hâtant un peu, jouir de ce plaisir. Avant longtemps le dernier échantillon de la carrosserie antédiluvienne aura été rejoindre dans l'oubli les coches chers à nos ancêtres.

Cette diligence, authentique par l'aspect, par la marche, par la durée du trajet, fonctionne dans la bonne ville de Lyon[1]; elle la relie aux Écharmeaux, c'est-à-dire à la vallée d'Azergues entière. Dès le départ on est ravi par le décor archaïque

---

1. Depuis que ces lignes ont été écrites, le chemin de fer ayant été ouvert jusqu'à Lamure-d'Azergues, la diligence sans doute n'est plus.

du quai de Bondy avec ses anciennes maisons, ses vieux cafés qui n'ont en rien sacrifié à la mode du bar, où l'on trouve encore à boire son « demi-setier » de beaujolais en mangeant un « rougeret¹ », et sa tranquille avenue de platanes.

De l'autre côté de la Saône, les tramways à vapeur, l'incessante activité, le bourdonnement de la grande ville ; ici le calme le plus absolu ; sans le tramway d'Écully, sans les flots de voyageurs que déverse de temps en temps la gare Saint-Paul, on pourrait se croire dans le vieux Lyon d'il y a cinquante ans.

La diligence est arrivée. Classique, vous dis-je, elle a son coupé, son intérieur, son impériale où je grimpe pour mieux voir le paysage de la ville et de la banlieue.

La voiture est bientôt remplie. Il y a des maraîchers du Mont-d'Or, des vignerons du Bois-d'Oingt, des tâcherons des Écharmeaux. Tout ce monde boit encore un verre de vin d'un rouge violet, fleurant la violette, et le lourd équipage roule à grand bruit sur le pavé. Voici l'homme de la Roche, l'École vétérinaire, la silhouette hardie des forts Saint-Jean et de Vaise, puis la grande rue du faubourg qui me semble embellie ; on dirait

---

1. Fromage large à peine comme une pièce de cinq francs et guère plus épais, fabriqué aux environs de Mâcon.

aujourd'hui la rue Victor-Hugo d'une préfecture de troisième ordre.

C'est maintenant la rue de Bourgogne, longue et large, puis la rude montée de la Duchère. Les chevaux la gravissent lentement. Des passants interpellent des voyageurs de connaissance :

— Vous allez dans la montagne ?

De fait, il semble bien que nous entreprenons un voyage lointain. Et ce joli coin de banlieue se déroule : la route est bordée de terrasses avec « salles d'ombrages » d'où la vue s'étend sur la Saône paresseuse, large, étincelante et les collines boisées et pittoresques de la Belle-Allemande. C'est toujours l'heureux paysage qu'aimaient mes vingt ans.

Mais la foule me paraît moins bon enfant ; un bonneteur a étalé des cartes sur un parapluie retourné et fait des dupes, à deux pas du ravin de Jean-Jacques, si profond, vert et tranquille.

Le mont d'Or surgit, ses cimes harmonieuses, ses pentes tapissées de villas formant le plus magnifique des décors. Champagne et sa large rue bordée de maisons peintes nous le masquent un instant, puis la montagne apparaît de nouveau, très verte ; au premier plan, Saint-Didier, entourée d'innombrables « campagnes » ; elle est coupée de vallons, semée de bouquets de bois.

A son pied, le château de la Barollière et le champ de bataille de Limonest font face au fort du Paillet, dont les murailles jaunes commandent le réseau de vallées qui s'ouvre tout autour de nous en un gigantesque éventail. Au fond bleuissent les monts du Beaujolais et les monts de Tarare.

Au sommet de chaque côte une auberge, à chaque auberge nous nous arrêtons ; les chevaux soufflent, le conducteur et le cocher boivent. Il en sera ainsi jusqu'aux Écharmeaux. Décidément la diligence est authentique !

Nous laissons de côté Limonest avec ses maisons peintes à l'ocre, étagées sur le flanc de la montagne ; soudain la végétation change : elle est plus verte, plus touffue ; il y a de grands arbres dans les fonds.

Nous avons quitté le calcaire pour le granit, la campagne y gagne en fraîcheur. La route descend vers Civrieux par un ravin plein d'ombre, c'est exquis : beaux rochers, bois de charmes, de hêtres et de sapins, clairs ruisseaux. Au-dessus, le mont Verdun semble monter rapidement. En face, les collines de Civrieux, couvertes de pampres, se prolongent, opulentes, jusqu'aux vignobles de Lachassagne.

Maintenant la diligence roule au bord de l'Azergues, dans la vallée lumineuse et fertile. Les villages ont un air de prospérité qui fait plaisir à voir. La rivière coule large, claire, rapide, mais peu profonde ; au delà du confluent de la Brevenne, elle se rétrécit, ce n'est désormais qu'un torrent abondant et jaseur, côtoyé par la route et le chemin de fer de Paray-le-Monial, qui va condamner notre véhicule à disparaître bientôt. En attendant, buvons chopine au pont Dorieux. Cela nous donnera la force de monter les petites côtes conduisant à Châtillon-d'Azergues.

Le bourg d'en bas, le bourg d'en haut, qui constituent un des plus beaux sites du Lyonnais, surgissent tout à coup. Les hautes tours couleur de rouille dominent fièrement, des bords de leur terrasse, les maisons dévalant aux flancs du coteau et la rue banale de la ville basse où mes compagnons vident de nouvelles bouteilles. Ce n'est qu'une libation rapide, nous irons à grande allure maintenant dans la vallée élargie, semée de belles villas et de châteaux, jusqu'à Chessy-les-Mines.

Là d'autres rasades me permettent de faire le tour de l'église gothique, très belle, de pur style, et de constater que Chessy a conservé un atome de costume local. Les paysannes ont encore le coquet bonnet de linge, elles portent, au-dessus, un chapeau de paille retenu par un ruban d'éclatante couleur.

Ce chapeau et les mines abandonnées, hauts talus semés de cristaux bleus de pyrite cuivreuse, nous changent du paysage jusqu'ici rencontré. Près des mines une enseigne de café me fait croire un instant que je suis encore en Flandre : « Café Tobie Praximaër ». Étrange évocation des contrées de bière et de genièvre dans ce gai pays de vignes et de bon vin !

Laissons le Breuil et sa curieuse maison à croisillons. Fouet claquant, grelots sonnaillant, roues grinçant, nous entrons dans une des dernières « remises » qui abritaient les voitures de rouliers. De hautes colonnes de pierre supportent d'énormes poutres qui font une charpente gigantesque, comme on n'en voit plus par ce temps de fer en T. C'est « les Ponts Tarrets », nous y changeons de chevaux et de cocher ; l'opération ne va pas sans vider de nouvelles chopines.

Enfin on repart ; au fond voici Ternand. Le village est d'un grand effet décoratif sur ce fond de montagnes peut-être trop cultivées, aux formes arrondies. Mais le paysage se fait peu à peu plus agreste. Les vignes du pays d'Oingt font place aux prairies, les rochers sont couverts de mousses, la rivière bondit en de jolies colères sur les barrages, de riants vallons s'entr'ouvrent de chaque côté. Le site de Ternand est délicieux en ce doux crépuscule, c'est la *fabrique* de nos vieux peintres ; comme pour mieux le faire admirer, la route le contourne en traversant le hameau des Planches. Le chemin devient plus riant encore; vers Létra, qui dort en un beau cirque de vignobles dominé par une haute tour d'église dont le dôme est couronné par un campanile, on passe sous un berceau de vergnes et de frênes. La végétation est superbe ici, le parc du château de Letraine, planté de beaux résineux aux bleuâtres reflets, met une note inattendue dans cette plantureuse végétation de vignobles.

La vallée s'est rétrécie. Route, chemin de fer et torrent se disputent le passage jusqu'à un nouvel épanouissement du bassin où une vieille tour, que les martinets environnent de leurs tourbillons et une curieuse bourgade en amphithéâtre nous montrent un nouveau et grandiose tableau. C'est Chamelet dont les maisons escaladent la colline en un amusant désordre. La petite ville garde un étranglement de la vallée, au delà on devine un autre climat : la vigne est rare, les seigles et les prés dominent. Sur un mamelon très vert le château de Langeval, avec ses grandes constructions

tions blanches et sa tour à terrasse, rappelle les grandes villas de l'Apennin.

A l'allure des gens et des choses, aux chutes de la rivière, aux charrois qui se font par les chemins latéraux, vers Saint-Just-d'Avray et ses belles montagnes, on reconnaît la campagne industrielle de Tarare : le sol est moins riche, le rocher affleure, il a fallu chercher ailleurs les moyens d'existence.

Les villages et les bourgs sont devenus plus populeux ; ils ont pris aussi les allures et la banalité des centres de fabrique.

A l'embranchement de Grandris, la plupart des voyageurs descendent.

La nuit est venue, la diligence roule sur la route où des auberges et des cafés annoncent l'approche d'un centre. Le petit vin de Beaujolais a rendu gai : devant les portes, dans les cafés, les hommes dansent en chantant, parfois une femme, la fille d'auberge, se mêle à la danse ; avec de gros rires on la fait sauter. Gaîté un peu forte, mais vraiment saine.

Avec un grand bruit de fouet, de grelots, de roulements entre des maisons vaguement éclairées, court maintenant la diligence. Voici Lamure-d'Azergues, où notre passage attire la population. Et bientôt nous repartons, la nuit est sombre.

Des bruits d'eaux frémissant sur les barrages, le vent dans les pins, une fraîcheur pénétrante, un air plus subtil, la lenteur de la marche, font deviner la montagne. Nous montons en effet dans un paysage qu'on soupçonne riant.

A minuit seulement on traverse deux ou trois maisons pour s'arrêter devant une auberge où je trouve un gîte! Oh! quel gîte! mais cependant apprécié après ces onze heures passées sur l'impériale, à peine coupées par un rapide repas à la Folletière, près de Grandris.

Nous sommes aux Écharmeaux, à l'extrême limite du département. Le site passe pour superbe, j'en jugerai au jour.

Cruelle, cruelle nuit passée dans l'hôtel où m'a amené la diligence! Une odeur indéfinissable mais écœurante empeste l'étroite chambre où l'on m'a installé. A peine ai-je pu dormir deux ou trois heures, j'ai dû me lever pour ouvrir la fenêtre et faire entrer un peu d'air pur. L'aurore pointait déjà, je suis descendu sur la route, car les Écharmeaux ne sont qu'un hameau de quelques maisons, né à la jonction de plusieurs routes très fréquentées encore en attendant l'ouverture du chemin de fer de Lyon à Paray-le-Monial, qui aura pour résultat d'enlever une grande partie du trafic. Là se croisent des routes allant à Beaujeu, Lyon, Thizy, Belmont, Chauffailles, Charolles. Le petit village occupe à 718 mètres le col même, à la limite de trois départements : Rhône, Loire et Saône-et-Loire. De là on descend brusquement dans diverses directions, aussi les chevaux de renfort y terminent leur course, les voyageurs et les courriers y changent de voitures, un bureau de poste a été créé pour assurer ce petit service de transit. Les Écharmeaux sont donc bien plus vivant que Poule, chef-lieu de la commune.

S'il y avait des hôtels passables, ce village de rouliers et de sabotiers serait une admirable station estivale, au centre d'excursions charmantes et faciles. Il mérite d'ailleurs une visite par les monuments d'un art naïf qu'y a semés un ouvrier sabotier nommé Molette, il y a une quarantaine d'années. Molette, complètement illettré, avait, inné en lui, le sens de la sculpture ; cela lui était venu en gravant ses sabots. Il s'essaya à la pierre et exécuta divers objets, puis se haussa au grand art. C'est ainsi qu'il a taillé une statue de Napoléon, ébauche fort lourde et fruste où le grand homme est surtout reconnaissable à sa redingote et à son geste de mettre la main dans son gilet. Le piédestal est orné d'une aigle. La statue se dresse au bord de la route, tournant le dos à la profonde vallée d'Azergues. Le « tailleur d'ymages » a inscrit ces vers à la base de son œuvre :

Oh ! Toi, puissant héros, que l'Univers admire ;
Oh ! Toi qui nous donnas la gloire avec l'Empire,
Supporte que ma main en ses loisirs retrace
Et tes nombreux exploits et ton auguste face.

Par J. MOLETTE fils, sabotier.

Molette s'est essayé aussi à la sculpture religieuse. Il a été servi par son inexpérience et sa naïveté mêmes. A la croisée des routes se dresse une croix, le Christ est entouré des quatre évangélistes, des reliefs raides, feuillages et fruits ornent le monument qu'on prendrait, s'il avait été rongé par le temps, pour un legs du xii° siècle. Lorsque les années auront passé là-dessus, la croix des Écharmeaux et la statue de la Vierge que Molette a sculptée pour couronner la montagne deviendront des œuvres charmantes ; en attendant que les arêtes se soient émoussées, ces humbles manifestations d'art restent fort intéressantes, on peut regretter que Molette n'ait pas été encouragé et n'ait pu suivre les leçons des maîtres. Peut-être serait-il devenu un grand artiste.

Le temps s'est levé très beau et très clair. Du carrefour sur lequel veille la statue de Napoléon on voit se creuser très profondément, entre de belles montagnes boisées de sapins, la vallée profonde de Poule, arrosée par une des Azergues qui formeront plus bas la jolie rivière. L'air est d'une douceur inexprimable en cette matinée de mai, aussi lorsque arrive le courrier de Chauffailles allant à Beaujeu, je me juche sur l'impériale d'où j'aurai la vue du paysage.

Au trot de ses deux petits chevaux vifs, au bruit des grelots sonnaillant en cadence, la petite diligence traverse le hameau et s'engage dans un joli bois de sapins qui recouvre un des mamelons du Saint-Rigaud. En face, de l'autre côté de la route, se dresse, nu, avec quelques bosquets, un cône régulier comme un volcan. C'est le mont Tourvéon, une des plus belles montagnes du Lyonnais, une des rares cimes qui aient donné prise à la légende. Au sommet du Tourvéon était le château du fameux Ganelon, le chevalier félon des *chansons de geste*, qui trahit Roland à Roncevaux. Le roi Louis le Débonnaire vint en personne assiéger le traître, celui-ci fait prisonnier aurait été enfermé dans un tonneau garni intérieurement de pointes de fer et lancé du haut de la montagne. Ce tonneau serait allé jusqu'à Avenas en gravissant d'autres montagnes.

Les bords de la route sont exquis. Les sapins

s'élèvent très droits, très hauts, au-dessus d'un sol couvert de mousse. Ce coin de montagnes rappelle certaines parties des Vosges, il est aussi vert et

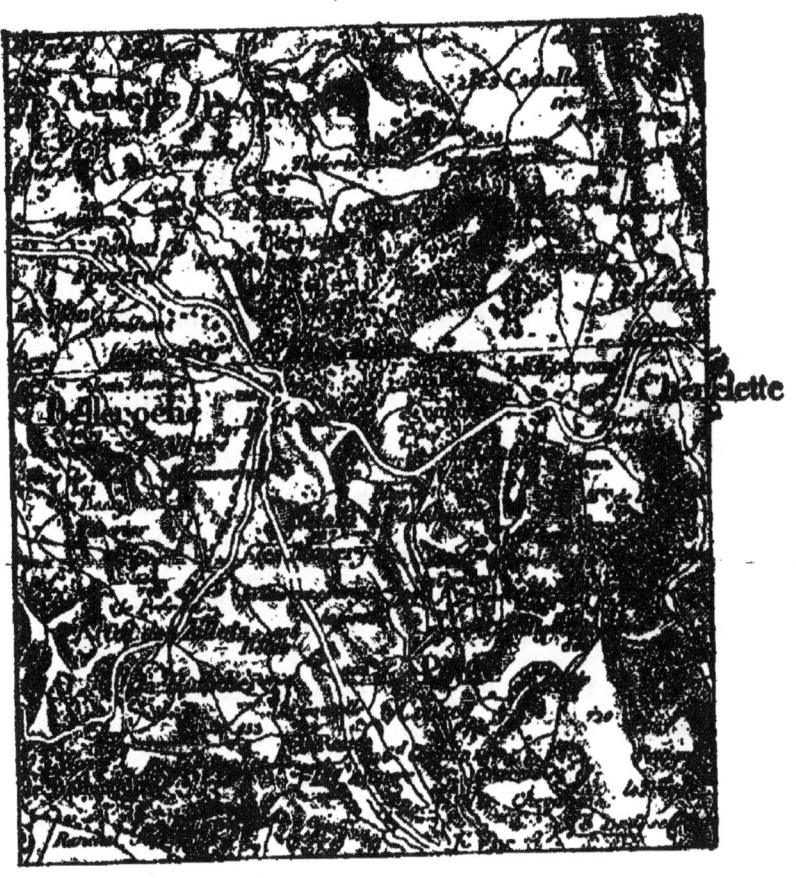

agreste, mais à la lisière sont des fourrés de genêts, les prairies sont plus opulentes, on devine un climat plus chaud.

La route franchit, à Chansaye, un humble ruisselet, l'Azergues de Poule, et plus loin un autre ruisseau, l'Azergues de Claveysolles, dans une large vallée, d'aspect alpestre, bordée par les hauts sommets boisés du mont Saint-Rigaud, le géant des monts du Lyonnais. Ces hauteurs manquent cependant un peu de majesté à cause de leurs formes molles et du manteau de taillis qui les couvrent. En face le Tourvéon, bien moins élevé, est superbe : son cône se dresse d'un jet, jaune de la fleur des genêts et parsemé de petits taillis. L'ensemble du site est grandiose, mais ce qui en fait le charme ce sont les forêts de sapins dont les branches étalées en palme sont disposées en lignes régulières dans tout le bois. Dans ce paysage est le village de Chenelette, sans grand caractère. Devant l'auberge où le conducteur de la diligence est descendu prendre le verre d'eau-de-vie traditionnel, une affiche annonce la fête patronale de Belleroche, village de la Loire, voisin des Écharmeaux ; j'apprends ainsi que la grande attraction sera « l'affermage des domestiques ». N'est-il pas singulier de voir cette coutume de la louée se perpétuer à proximité de tant de villes populeuses ?

Chenelette est sur un col entre l'Azergues et l'Ardière, de là on domine les deux versants. Du côté de l'Ardière un petit vallon adventif se creuse très profondément, bordé de belles prairies. Là, dans une exposition riante est le joli château de Chenelette abrité des vents du nord par le massif boisé du Saint-Rigaud. Le paysage est exquis grâce au contraste des bois de sapins, des bordures de frênes, des prairies semées de châtaigniers. Dans ces verdures aux tonalités si diverses, des petits hameaux de cinq à six maisons sont semés, mettant la vie et la gaîté dans une nature un peu sévère pour eux. Rapidement descend la route et les montagnes prennent des proportions plus belles. La roche d'Ajoux, à peine soupçonnée aux Écharmeaux qu'elle domine, prend un aspect conique. Ses flancs boisés de taillis dominent de vastes champs de genêt. Le Saint-Rigaud est devenu plus large, il étale largement sa croupe puissante. Bientôt les vignes apparaissent, annonçant un climat plus doux, c'est-à-dire une altitude bien plus basse. Les haies se couvrent de fleurs, il y a là un églantier triomphal par la longueur et la profusion de ses rameaux. Du reste, l'églantier est ici l'arbuste de prédilection, jamais plus abondante floraison et plus doux parfums ne remplirent les haies.

Et l'on descend toujours dans un paysage plus chaud, plus lumineux aussi, jusqu'au-dessus de la vallée de l'Ardière. En contre-bas de la route, le village des Ardillats, fort humble, disparaît en partie dans les châtaigniers et les noyers. Les montagnes, vues du fond, sont très belles malgré leur modeste altitude. A droite, c'est le Tournisson, haut de 810 mètres ; à gauche la Croix-du-Puits, à 847 mètres. Ils dominent de près de 500 mètres le bas de la vallée, où des fumées et de grands toits signalent des usines et l'approche d'une ville.

L'Ardière est assez abondante pour alimenter des papeteries. Du reste, de tout ce groupe du Saint-Rigaud ruissellent des sources. Autour de la montagne naissent le Sornin, la Grosne, l'Ardière, les Azergues, d'autres ruisseaux encore qui vont à la Loire ou à la Saône. Ce massif est bien vraiment le « père des eaux », comme disent les Arabes, pour une grande partie de trois départements.

Les usines ont fait naître, un peu plus bas, à la jonction de la route de Monsols, le gros hameau des Dépôts, sorte de cité ouvrière. On est déjà en plein vignoble ; à partir d'ici, les collines sont couvertes de pampres. On devine un pays riche, les maisons au bord de la route sont entourées de jardins plantés d'arbres fruitiers et fleuris de roses. Par l'aspect de cette gorge on pourrait se croire en plein Vivarais sans la grâce un peu molle du paysage. Les papeteries, les tanneries très nombreuses, aux murailles disparaissant sous les mottes de tan, n'enlèvent rien à cet heureux tableau. La gaîté est grande ; sur la route passent des voitures revenant de la ville où elles ont chargé des *bennes* pour la vendange. A la quantité de ces récipients, à l'air de bonne humeur des voituriers on devine que la récolte s'annonce bien.

Soudain la vallée se rétrécit encore, la rivière, claire et rapide, laisse à peine un passage à la route ; celles-ci se bordent de maisons. Nous voici à Beaujeu.

XVIII

LE BEAUJOLAIS ET LA FOIRE DE MONTMERLE

Beaujeu. — Le vignoble du Beaujolais. — Belleville-sur-Saône et son port. — Montmerle, le Beaucaire du Lyonnais. — Une foire fameuse. — La vie des bâtons de chaise.

Montmerle, 1er juin.

A tout venant beau jeu.

Telle est l'accorte devise de la petite ville qui fut pendant si longtemps capitale d'une de nos plus petites mais plus riantes provinces, monde exigu ayant ses grasses plaines riveraines de la Saône, ses vallées profondes, ses hautes montagnes et des collines ensoleillées aux bords de la Loire. Ce rôle de Beaujeu ne s'expliquerait pas si le défilé de l'Ardière conduisant aux Écharmeaux d'où rayonnent tant de vallées, n'avait été, aux temps jadis, le passage le plus court pour aller du versant de la Saône au versant de la Loire. Quiconque était maître de l'entrée de la gorge devenait maître des communications entre les deux plus grandes vallées de la France.

Voilà sans doute à quoi il faut attribuer cette création d'une capitale dans un vallon étroit, alors que les plaines et les terrasses de la Saône offraient une assiette excellente pour établir une vaste cité.

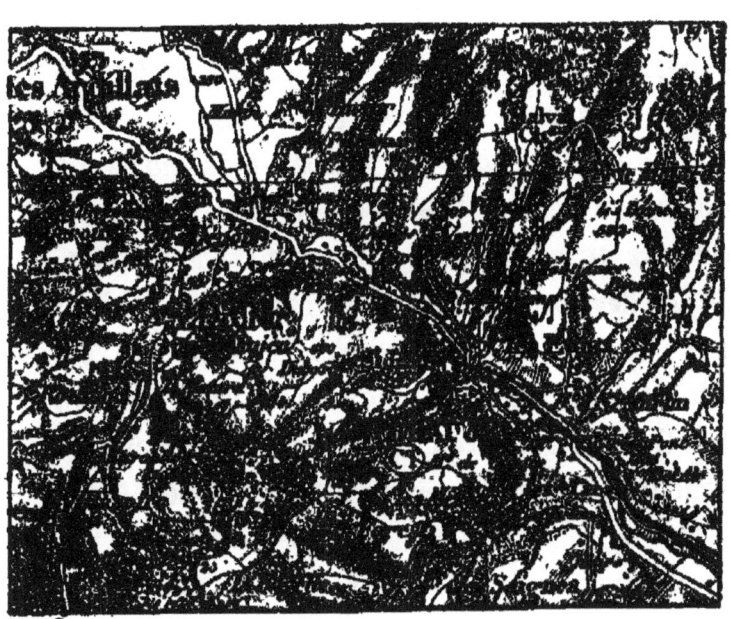

Dans ce défilé, l'Ardière aux claires eaux, très resserrée entre de hautes montagnes, dispute le passage aux maisons. Celles-ci ont dû se grouper sur les deux bords d'une rue tortueuse et banale. Les constructions sont grises et sans caractère, mais les tanneries, par l'imprévu de leurs bâtisses, mettent un brin de pittoresque dans ce tableau un peu morne. L'ancienne capitale des sires de Beaujeu n'a conservé de son époque historique que son église Saint-Nicolas, dont le clocher roman, assez lourd, n'est pas sans valeur ; la pureté des arceaux et surtout l'abside méritent un instant l'attention. C'est tout ce qu'il y aurait à voir à Beaujeu, mais la ville est bien entretenue, de beaux trottoirs en ciment bordent la rue et l'animation est grande, grâce aux diligences qui viennent de tous les points de la montagne prendre ou déposer leurs voyageurs. Beaujeu est demeuré un centre pour une vaste zone de pays. On le devine aux nombreux magasins bordant la rue longue de plus de deux kilomètres. C'est aussi le dépôt des vins pour toute une partie du haut Beaujolais. A Beaujeu commence l'admirable vignoble qui prolonge jusqu'à Lyon par le Mâconnais et le Beaujolais cette source de richesse nationale appelée la Côte-d'Or. Autour même de la petite ville sont nos plus grands crus. Au nord Fleurie, Chenas et Juliénas ; au sud Saint-Étienne-la-Varenne et Vaux portent très haut la réputation de ces vins « qu'ils n'ont pas en Angleterre » et dont on a, du reste, peu à Paris. Plus près encore de Beaujeu, Brouilly et Morgon, deux hameaux plus célèbres que bien des villes, dominent la vallée de l'Ardière, Beaujeu a déjà des vignes dans son enceinte. La motte féodale sur laquelle se dressait le château des « sires » de Beaujeu, seigneurs plus fiers de ce titre modeste que de dignités plus hautes, comme le furent les Coucy et les Rohan, n'a plus que d'informes débris de remparts, mais les souches montent à l'assaut de la butte et couvrent toutes les hauteurs voisines. Puis au delà de la ville, quand la vallée s'élargit, ce ne sont que vignes sur toutes les pentes, venant parfois jusqu'à la rivière et disputant la place aux prés. Peu à peu le rideau des montagnes s'écarte et se présente en longues pentes couvertes d'une mer de ceps et d'échalas ; le dernier sommet rencontré, le mont Brouilly, d'une forme si régulière, a sa base tout enveloppée dans les vignes ; en face, sur des collines très ondulées, voici les crus célèbres de Regnié, de Lantigné et de Morgon, gloire du Beaujolais. Au-dessus s'étagent les montagnes d'Avenas et de Vaux Richard, d'un vert plus sombre.

Le chemin de fer court au long de l'Ardière, dont les rives ont maintenant une plus large bordure de prés, mais à peine une pente se dresse-t-elle et la vigne retrouve son domaine, elle atteint ainsi la grande ligne de Paris aux abords de Belleville. Désormais jusqu'à la Saône il n'y a guère que des prés et des champs, Belleville qui vit par le commerce des vins est entourée de prairies.

Quelle destinée est réservée à Belleville ? Deviendra-t-elle jamais une grande cité, comme semble le dire son orgueilleuse devise : *durabo*, je durerai ? Elle a tout ce qu'il faut pour cela, ainsi placée au cœur des vignobles, sur le chemin de fer et la Saône, dans une large plaine où elle peut s'étendre à l'infini. La voie ferrée, en allant passer au bord des premières collines, à plus d'un quart de lieue du centre, a fait naître sur la route de Bourg à Beaujeu une double rangée de maisons formant une immense rue dont beaucoup de grandes villes seraient jalouses. Les voyageurs des trains rapides qui voient en passant s'ouvrir l'interminable artère croient volontiers traverser une vaste cité. Ce n'est qu'une façade, le vrai Belleville est plus loin, très joli, très vivant, d'apparence prospère, mais peu étendu. Ses caves sans nombre, où viennent s'entreposer les vins de la plus grande partie du Beaujolais, lui donnent une importance commerciale considérable, mais cette activité s'exerce uniquement sur les vins, la seule cheminée d'usine est celle d'une fabrique de sulfure de carbone ; cependant une dérivation de l'Ardière, œuvre sans doute des moines qui y possédaient une abbaye, fait mouvoir un moulin, moins bruyant aux heures du travail que les tonneliers frappant gaîment sur leurs tonneaux.

L'église est en dehors de cette activité, dans un quartier calme et solitaire ; elle vaut une visite,

c'est un des plus intéressants édifices du Beaujolais, l'art roman s'y est assoupli, les sobres chapiteaux de ce qu'on pourrait appeler le style de Cluny ont fait place à de malicieuses images comme en ont tant de monuments de la première période gothique. Ces chapiteaux vivent, il y a là des musiciens qui semblent sortir de la pierre pour se faire entendre, des gens à qui on coupe la langue — des blasphémateurs sans doute — des bêtes de l'Apocalypse, bien d'autres choses encore, assez inattendues dans une église romane.

Comme Villefranche-sur-Saône, Belleville-sur-Saône n'est pas *sur* la rivière, il y a près d'un kilomètre pour atteindre celle-ci. Mais la ville a marqué en quelque sorte ses droits sur la Saône par la création d'un des rares ports fluviaux dignes de ce nom qu'on rencontre en France. Un môle ferme un bassin où s'abritent les bateaux ; si le port de Belleville avait une voie ferrée sur ses quais, on se croirait au bord d'un de ces fleuves allemands si bien aménagés pour le chargement et le déchargement des marchandises.

Un pont suspendu domine le port rempli de chalands et la large et calme rivière semée d'îles. De là on a une admirable vue sur les monts du Beaujolais dont la ligne régulière se dresse au-dessus de la terrasse des vignobles. Sur l'autre rive, le paysage est plus intime, un rideau de petites collines borde la Saône. La vieille tour de Thoissey, la tour et l'église de Montmerle commandent ce paysage tranquille.

En route pour Montmerle ! Un chemin à travers les prés conduit à la route. Celle-ci traverse de beaux vignobles, soignés avec amour ; c'est le moment du sulfatage, les ouvriers s'en vont entre les rangées de ceps, le réservoir sur le dos, pompant le mélange et agitant leurs tubes pour asperger les feuilles. C'est un nouveau sujet de tableau pour les peintres cette lutte contre le mildiou, cela nous changerait un peu des classiques vendanges.

Le vignoble enveloppe Montmerle, la petite ville lui échappe en gravissant la colline sur laquelle ses maisons s'étagent en un blanc amphithéâtre. Elle est charmante ainsi et accueillante à merveille ; l'ancienne chapelle du château couvre le sommet de la colline, une terrasse la précède d'où l'on a une vue merveilleuse sur les montagnes, du mont d'Or aux cimes du Mâconnais. D'ici le vignoble du Beaujolais se présente en entier, opulent, rempli de villages, de hameaux, de maisons isolées. Par l'ouverture de la vallée de l'Ardière on aperçoit en entier le massif du Saint-Rigaud au nord, à l'infini s'étendent les plantureuses plaines du Mâconnais et de la Bresse. La Saône large, tranquille, miroitante au soleil décrit une courbe harmonieuse, de Thoissey à Trévoux aux fières tours, et à Villefranche, reconnaissable à la fumée de ses usines.

Au pied de la terrasse se pressent les maisons de Montmerle, hautes et cossues.

La chapelle n'a de remarquable que sa situation. Une inscription nous apprend qu'elle a été restaurée en 1825 « par le zèle empressé des habitants, à la sollicitation de leur évêque A. R. Devie ». L'église châtelaine est devenue un lieu de pèlerinage, au-dessus de l'autel est une vierge somptueusement vêtue à la mode espagnole, sur les murs sont appendus d'innombrables ex-voto. Le pèlerinage ne date que de la Restauration, mais la chapelle fut construite avec le château aux environs de l'an mille par Guichard l'Enchaîné, nom farouchement féodal.

Si le pèlerinage de Montmerle est fréquenté, la foire l'est bien plus encore. La petite ville lui doit sa prospérité. Toutes proportions gardées, Montmerle est le Beaucaire de la Saône, même sa foire se maintient et celle de Beaucaire n'est plus que l'ombre d'elle-même.

Comment a pu s'établir et se perpétuer ainsi un grand marché dans cette bourgade, quand tant de villes populeuses paraissaient suffire aux besoins du pays ? A l'examen de la carte on se rend bien compte du phénomène. Avant la création des routes et l'établissement des chemins de fer, la Saône était la grande artère de circulation. Montmerle, escale de la navigation, se trouve à un point géographique remarquable : en face la vallée de l'Ardière ouvrait le chemin des montagnes et de la Loire par les Écharmeaux ; par Thoissey on atteignait les plaines de Bresse ; le plateau de Dombes se termine à Montmerle même ; enfin, non loin de là, à Anse, la vallée d'Azergues, par la Turdine et la Brevenne, conduit sur tous les points du Lyonnais. Toutes ces régions diverses par les productions et les besoins avaient donc, vers Montmerle, leur centre d'échanges. Aussi, depuis un temps très reculé, Montmerle était-il un lieu de commerce. Frappé de ces avantages économiques, un des princes souverains de Dombes, François de Bourbon, donna, en 1605, de tels privilèges à la foire que celle-ci devint bientôt un des grands rendez-vous commerciaux de France.

Avec les chemins de fer qui laissaient Montmerle à l'écart, l'importance de la foire diminua bientôt. Elle durait jadis un mois plein, on a dû la réduire à quinze jours, puis à dix jours. Cependant elle semble devoir se perpétuer longtemps encore, les principaux objets de commerce sont de ceux qu'il importe de réunir en quantité à dates déterminées : les chevaux et les bestiaux. Les maquignons trouvent avantage à ces grandes réunions d'animaux où les choix sont faciles ; aussi, loin de péricliter, le commerce des chevaux prend-il plus d'importance à Montmerle ; les éleveurs de la Dombes y conduisent leurs animaux que viennent acheter les habitants du Charollais ; en même temps les producteurs de bêtes à cornes et de porcs accourent à Montmerle où s'approvisionnent en partie les marchands de bestiaux des villes voisines.

Ce qui a souffert, c'est le commerce de produits non vivants. Il est peu de bourgs et même de villages aujourd'hui qui ne possèdent des magasins, aussi les immenses arrivages d'étoffes, de vannerie, de quincaillerie sont-ils bien réduits, de même le nombre des saltimbanques a décru : à ce point de vue la foire du 8 septembre est bien morne auprès de la foire d'autrefois.

Mais si Montmerle a beaucoup perdu avec les conditions nouvelles du commerce, elle a du moins su conquérir une place par une industrie curieuse, celle des chaises, dont les débuts furent modestes, aujourd'hui florissante. Vers 1800, un habitant du pays qui était allé à Villefranche apprendre le métier de chaisier revint à Montmerle fabriquer les sièges, espérant les vendre pendant la grande foire et les autres réunions foraines ; ses affaires réussirent ; aidé par ses enfants il développa sa production, il lui fallut des apprentis qui furent des ouvriers à leur tour et dont beaucoup sont devenus de petits patrons.

Jusqu'à ces dernières années cette industrie se borna à la production des articles ordinaires. Mais, de nos jours, un des fabricants eut l'idée de faire la chaise de luxe ou de style, le grand marché de Lyon lui fut ouvert et maintenant Montmerle fournit des milliers de sièges de prix. Toutefois l'article commun est encore la base de la production : sauf quatre ou cinq d'entre eux, les 30 fabricants de Montmerle ne font pas autre chose.

Ces fabricants ont peu d'ouvriers, le plus souvent ils n'ont que leur femme et leurs enfants, car tout le monde travaille à la chaiserie : les uns dégrossissent le bois, d'autres le fouillent, d'autres le tournent, les femmes font le paillage. En tout Montmerle occupe de 75 à 80 familles produisant année commune pour 400,000 fr. de chaises. On peut prévoir que ces chiffres s'accroîtront bientôt : la mécanique, l'électricité peut-être, transformeront le caractère familial de cette industrie si pittoresque. Peut-être faudra-t-il le regretter ; dans son état actuel la chaiserie est une source de bien-être pour les ouvriers ; les salaires sont peu élevés : 3 fr. ou 3 fr. 50 c. pour les hommes, 1 fr. ou 1 fr. 50 c. pour les femmes et les enfants, mais, à Montmerle, en ce plantureux et doux pays de la côtière de Dombes, où le vin abonde, où la terre est généreuse, la vie est facile et peu coûteuse. Les Romains, qui s'y connaissaient, n'avaient-ils pas un de leurs centres de villégiature là où se trouve aujourd'hui le village de Thiollet, à l'abri des vents du nord, en vue des montagnes et sur les bords du ruisselet qui a gardé si précieusement son nom antique d'*Appéum,* peut-être le seul nom latin de localité parvenu intact jusqu'à nous ?

XIX

TEINTURIERS ET TIREURS D'OR

Villefranche-sur-Saône. — Privilèges du moyen âge. — Teinturiers et apprêteurs. — Les cotons à tricoter. — La plus belle lieue de France. — Anse. — La côtière de Dombes. — Trévoux, capitale de la Dombes. — Le *Dictionnaire*. — Les tréfileurs d'or.

Trévoux, 3 juin.

Le voyageur débarqué du chemin de fer à Villefranche a besoin d'être prévenu qu'il est dans une petite cité : à peine a-t-il fait quelques pas et le voici au sommet d'une rue très large, longue de près d'une lieue, descendant au fond d'un vallon pour gravir un coteau où la double ligne des maisons se prolonge en une interminable perspective. N'était le manque d'animation — sauf aux jours de marché — on pourrait se croire dans une grande ville. Mais deux rues parallèles, quelques rues transversales, uniformément étroites, voilà toute la ville de Villefranche-sur-Saône, chef-lieu d'un des deux arrondissements du Rhône. Le plan de Villefranche, si on le dégage des constructions parasites que l'industrie a fait naître, est celui d'une des « bastides » nombreuses en d'autres parties de la France, mais au lieu de s'étendre en carré la ville s'est allongée sur la grande route de chaque côté du ruisseau de Morgon, jadis très clair, aujourd'hui l'un des plus souillés de France. Cette disposition particulière de Villefranche tient à ce qu'elle a été créée de toutes pièces par un sire de Beaujeu au XIII° siècle. Les habitants accoururent aussitôt, heureux d'habiter une bastide dotée de précieux privilèges. N'avait-on pas autorisé les maris à battre leurs femmes jusqu'au sang pourvu que la mort ne résultât pas de ces coups ! De tels avantages ne pouvaient manquer d'attirer la foule ; le voisinage de la Saône, les riches vignobles des environs, les facilités d'accès au cœur des montagnes par les vallons du Morgon et du Nizerand ont fait le reste ; les habitants, qui s'appellent eux-mêmes les Caladois, du nom d'un hameau englobé plus tard dans la ville, sont aujourd'hui au nombre de près de 13,000.

Il ne faudrait pas chercher beaucoup de grands et curieux édifices à Villefranche : on y remarque la grande rue et, de ci, de là, quelques maisons intéressantes, l'hôtel de ville surtout, où la Renaissance s'est donné libre carrière. Son église, placée sous le vocable de Notre-Dame-des-Marais et qui doit son origine à une statue miraculeuse, trouvée dans un pré marécageux au bord du Morgon, est un fort bel édifice de la dernière période gothique, où les ymagiers se sont livrés à une verve assez licencieuse. Jadis le Morgon baignait le pied de l'église, mais on a recouvert la rivière, devenue un égout, et rien aujourd'hui ne coupe l'immense rue bordée de magasins de détail.

Les comptoirs industriels sont dans les étroites rues parallèles ou dans les petites rues transversales. Dans les magasins, annoncés par une plaque de cuivre, s'entassent d'énormes ballots de tissus fabriqués ou de coton brut, ailleurs ce sont les tissus teints prêts à expédier. Comme Roanne, Thizy et Tarare, Villefranche est un grand centre cotonnier, mais elle a su se créer une place à part. Si elle n'est plus ce marché où les tisserands de la montagne venaient apporter leurs étoffes, c'est une manufacture très active de tissus de coton. Les métiers de la campagne avaient disparu par suite de la concurrence des Vosges dont les métiers mécaniques avaient, de 1820 à 1830, détruit l'industrie de Villefranche. Mais une partie de l'industrie caladoise, celle des teintures et apprêts, avait survécu ; bien mieux, les Vosges elles-mêmes eurent recours aux eaux du Morgon pour la transformation de leurs produits. Bientôt Villefranche eut une supériorité incontestable pour la préparation des cotonnades ; même, pour profiter de ces établissements, on vit se créer des usines pour le tissage mécanique du coton. Actuellement vingt maisons importantes produisent ou vendent les doublures, étoffes de coton pour parapluie, andrinople, gilet de travail, etc. C'est un mouvement d'affaires de plus de trente millions.

Les ateliers de teintures et d'apprêts avoisinent la gare, ils remplissent dix usines où chaque année sont préparées près d'un million de pièces de tissus, soit pour la production locale, soit pour les clients de province, qui achètent directement leurs étoffes dans les Vosges et les envoient à Villefranche pour y être teints ; 1,500 ouvriers ou ouvrières travaillent dans ces ateliers dont le chiffre d'affaires atteint de 6 à 8 millions de francs. Cette industrie tend de plus en plus à se concentrer, les six plus importantes maisons se sont groupées pour pouvoir accroître et perfectionner leurs moyens d'action.

Ces noirs grand teint inverdissables et ces rouges andrinoples, qui font la réputation de Villefranche, ne sont pas la seule industrie curieuse de cette ville active. Depuis le commencement du siècle une industrie presque spéciale s'accroît avec régularité, et prend une importance très grande,

c'est celle des cotons à tricoter. Ce nom désigne en réalité des produits assez variés : pelotes et écheveaux de fils de coton vendus par les merceries pour servir aux travaux à l'aiguille ou au crochet, cotons pour le tissage mécanique de la bonneterie, bas et chaussettes, etc. Depuis vingt ans surtout le développement a été remarquable, grâce au matériel pourvu des perfectionnements les plus complets. Quatre maisons, dont deux possèdent des filatures, produisent plusieurs centaines de mille kilogrammes. Mille à douze cents ouvriers ou ouvrières travaillent à la filature, au retordage, à la teinture, à l'empaquetage, etc. Le chiffre total des affaires atteint trois millions et demi. Comme accessoire cette industrie produit un peu de filé pour le tissage à la main, une des usines a complété sa production par la fabrication de l'ouate, des cotons cardés et du coton hydrophile destiné au pansement antiseptique.

En somme, le centre cotonnier de Villefranche fait bonne figure à côté des autres villes industrielles du Beaujolais et du Roannais; on peut même trouver que la population de Villefranche n'est pas en rapport avec l'importance industrielle de la ville, mais une partie des ouvriers résident au dehors, à Gleizé et Limas dans le Rhône, Beauregard, Jassans et Frans dans l'Ain.

Villefranche est aussi une ville de commerce : les vins, les machines et les instruments vinicoles donnent lieu à un chiffre d'affaires considérable. Les jours de marché la foule est énorme, la rue encombrée d'échoppes, de piétons et de voitures est d'une animation extraordinaire. Toutes les routes aboutissant à la ville sont remplies de chars-à-bancs. Par ses marchés plus que par son industrie elle a su conserver une existence propre et éviter d'être annihilée par sa grande voisine, Lyon. A parcourir ses campagnes si fécondes et riches et que l'on découvre admirablement des abords de la belle maison d'éducation des jésuites à Mongré, on le devine, la cité entourée de si riches vignobles, de hameaux si nombreux, de prairies si grasses doit forcément prospérer.

Cette campagne est exquise aux bords de la Saône, dans le département de l'Ain où le plateau de Dombes se termine en falaises sur la grande rivière, falaises couvertes de bois et de vignes dans laquelle s'ouvrent de calmes et riants vallons. Sur l'autre rive le paysage a moins de grâce mais plus d'opulence. Une route absolument droite continue jusqu'à Anse la grande rue de Villefranche. Bordée de noyers et de grands platanes, elle court entre les hauteurs de Limas et de Pommiers, couvertes de vignes, et la plaine de culture et de prairies. Dans la riche vallée de la Saône, cette lieue de pays est célèbre par sa richesse. D'après un dicton local

> De Villefranche à Anse
> La plus belle lieue de France.

Le compliment est peut-être excessif, mais il a été dicté moins par la splendeur du pays que par l'énorme revenu du vignoble. Avant le phylloxéra les vins de Lachassagne, du nom d'une des communes, étaient les plus réputés des vins ordinaires dans cette partie du Beaujolais. L'admiration des gens du pays pour cette lieue de cinq kilomètres tient donc peut-être davantage au revenu des terres qu'à la beauté intrinsèque du paysage.

A l'autre extrémité de la plus belle lieue de France, une ville, Anse, occupe une position superbe à l'embouchure de l'Azergues dans la Saône, à un coude de la grande rivière. Malgré ces avantages Anse est resté une très petite cité, fort pittoresque d'ailleurs par ses débris féodaux et quelques maisons anciennes. Ce fut au temps des Romains une sorte de résidence champêtre où les Lyonnais possédaient des villas. Aujourd'hui encore les pentes des collines sont parsemées de châteaux et de belles demeures.

La Saône, au confluent, est large et majestueuse,

un pont suspendu la franchit en amont et conduit à Saint-Bernard, beau village de l'Ain, encore dominé par le vieux château qui commandait ce promontoire projeté par le plateau de Dombes à la rencontre des monts du Beaujolais. Le pays a un tout autre aspect, pentes modérées, petits vignobles, jolis vallons tapissés de prairies. Un instant la falaise s'éloigne pour faire place à une étroite plaine herbeuse, traversée par le ruisseau de Formans ; au delà, sur une colline, de hautes tours et des débris de remparts dominent une ville dont les maisons descendent en amphithéâtre jusqu'à la Saône. C'est Trévoux, la capitale de la Dombes.

Ce mot « capitale » doit être pris au sens absolu du mot. Il y a cent vingt-cinq ans à peine le haut plateau semé d'étangs, de bois maigres et de villages fiévreux compris entre l'Ain, le Rhône et la Saône était une principauté indépendante comme l'est de nos jours le pays de Monaco. L'existence de ce petit État au cœur de la France ne s'expliquerait guère si on ne se rappelait que les pays voisins, Bresse et Bugey, furent réunis à la France sous Henri IV seulement et que le Dauphiné devint français avec Louis XI. Des petits États du sud-est la Dombes conserva le plus longtemps son autonomie, elle le dut évidemment à la qualité française de ses souverains. Le connétable de Bourbon et ses héritiers, puis le duc du Maine, fils de Louis XIV, qui reçut ce domaine de la Grande Mademoiselle, étaient sujets du roi à Paris et souverains en Dombes. Ils préféraient d'ailleurs le séjour de Paris, de Versailles et de Sceaux à celui de leur minuscule capitale.

En cela les princes de Dombes furent habiles. Venant à la cour, leur souveraineté étaient respectée ; retirés dans leurs États, ils auraient été victimes des guerres entre la France et la Savoie. Mais Trévoux, à n'être que le siège officiel de l'administration d'un mince territoire, est resté fort petite ville ; 2,600 habitants vivent dans l'enceinte à peine reconnaissable de la cité princière, elle n'eut jamais beaucoup plus. Cependant cette indépendance du pays de Dombes avait valu à Trévoux des industries assez curieuses. Un moment même Trévoux joua un rôle dans la littérature française, le *Dictionnaire universel* y fut imprimé, et les jésuites, « grands Aristarques de Trévoux », y publièrent, pendant trente ans, leur fameux *Journal de Trévoux*, qui rompit tant de lances avec les encyclopédistes. Aujourd'hui, le *Journal de Trévoux* est une petite feuille d'arrondissement, dont le titre, remontant à 1701, est plus ancien même que celui de la *Gazette de*

France. Ce serait donc le doyen des journaux français.

Trévoux a conservé peu de choses de ses édifices souverains, qui lui donnaient jadis si grande allure. De vieilles estampes montrent la ville ancienne avec ses ruines, ses remparts, ses maisons fortes s'étageant sur les flancs de la colline comme une cité puissante. Aujourd'hui, les tours crépies et blanchies se rattachent à des maisons habitées, des restes de machicoulis ornent quelques murs, une tour d'horloge, des fenêtres à meneaux lui donnent encore un aspect fort pittoresque, grâce surtout aux belles tours de son château primitif. Mais elle a surtout l'admirable situation de son ancien « palais » souverain, qui servit aux séances du Parlement de Dombes et dont quelques parties intérieures, la grande salle aux solives apparentes et peintes, sont fort belles. Ce vaste édifice, sans grand style extérieur, est aujourd'hui une sorte de bâtiment maître Jacques. Le sous-préfet et ses bureaux, la mairie, le tribunal civil se sont partagés le palais où l'on rendait la justice au nom des princes souverains de Dombes. Est-ce à ce passé parlementaire ou au caractère processif des habitants de la Dombes qu'il faut attribuer les nombreux panonceaux de gens de loi étincelant dans la grand'rue ?

Devant le palais s'étend une terrasse d'où la vue est immense et merveilleuse sur le mont d'Or lyonnais, les monts du Beaujolais et la Saône. Heureux paysage qui évoque pour moi tant de tristes souvenirs! A Trévoux, après la retraite de l'armée de l'Est, tous les corps francs, qui avaient pu échapper à l'internement en Suisse en se jetant dans le Jura, furent réunis aux ordres du colonel Bourras. Après tant de dangers et de souffrances dans les neiges, le séjour tranquille de Trévoux nous semblait la sortie d'un cauchemar[1].

Ces belles montagnes, cette large et calme rivière, ces heureux horizons, c'était la partie du pays vierge des souillures de l'ennemi. Que d'espoir de revanche avons-nous caressé ici, quand, sous l'impulsion de notre héroïque chef, nos compagnies, notre batterie et notre escadron se préparaient avec tant d'ardeur à reprendre la lutte! Là-bas dans la prairie, proche le pont aux arcs triomphaux, nous avons passé la revue d'adieu et cette superbe légion, au lieu de repartir à l'ennemi, se prépara à la dissolution.

Depuis cette époque, le vieux palais a été rajeuni, la terrasse caillouteuse est devenue un jar-

---

1. *Une armée dans les neiges (Journal d'un franc-tireur de l'armée de l'Est)*, par Ardouin-Dumazet. Paris, librairie Rouam.

din séparé de la place par une grille, un élégant hôtel de ville s'est élevé à ses côtés. Ce n'est plus le Trévoux que j'ai connu, et j'en ai quelque regret; même la Montée-aux-Tours, ce chemin si ombreux jadis, est maintenant une étroite ruelle bordée des hautes murailles d'un « clos ». Mais, là-haut, le donjon octogonal, aux assises alternées de pierre blanche et de pierre rousse, est toujours debout, superbe encore. Les autres tours ont conservé leurs précieux détails gothiques. Les ruines sont reliées par le rempart de briques d'un rouge ardent, percé d'une porte ogivale.

La vieille ville est restée, elle aussi, ce que je la revois dans mon souvenir avec ses rues solitaires, coupées de ruelles obscures aux noms pittoresques. Voici encore la rue Casse-Cou, aux âpres escaliers aboutissant à la rue du Gouvernement. Était-ce une allusion pour les princes de Dombes?

Le quai, tranquille, fleuri, ombreux, si pittoresque avec ses tours, le joli pavillon gothique faisant face au pont, l'amusant pêle-mêle des maisons collées au flanc de la falaise restent aussi tels qu'autrefois. Ah! l'aimable et exquis tableau!

Trévoux, sous l'ancien régime, possédait une

industrie fort prospère et intéressante, celle du tirage et de la tréfilerie d'or et d'argent dont l'importance était si grande à ces époques où les vêtements étaient bien plus somptueux que de nos jours. Dans la statistique générale de la France, publiée sous les ordres de « l'Empereur et Roi » en 1808, voici comment on racontait les origines et l'histoire de cette industrie qui doit avoir pour point de départ l'atelier des monnaies, créé par un archevêque de Lyon, au commencement du xiv° siècle :

La ville de Trévoux est encore la seule ville de France, et même d'Europe, à ce qu'on assure, où s'exécute la première main-d'œuvre de tous les galons d'argent. Il se fabrique à Paris, et principalement à Lyon, du trait doré ; mais le tirage d'argent ne se trouve qu'à Trévoux. Cette branche d'industrie, introduite dans ce pays par des juifs, qui vinrent s'y établir vers l'an 1400, était parvenue dans le siècle dernier à un tel degré de prospérité, qu'on y fabriquait jusqu'à 6,000 lingots d'or par an (le lingot d'environ 18 kilogrammes). Les ateliers ont beaucoup diminué à l'époque de la Révolution, par le défaut de dorure et de galons ; mais ils commencent à reprendre une nouvelle activité. Il a été fabriqué, en 1803, 500 myriagrammes tant d'argent pur que doré. Plus de 300 ouvriers sont employés à l'affinage et au tirage. Le plus grand nombre se compose de femmes, qui trouvent dans cette occupation une ressource contre la misère et l'oisiveté. On ne peut se dissimuler cependant que cette branche d'industrie s'exerce à Trévoux d'une manière précise à l'aide seul de Lyonnais.

On n'y faisait anciennement que du gros trait appelé en terme de l'art $\frac{4}{p}$, maintenant le trait le plus fin est connu sous le nom de $\frac{7}{p}$ et il est beaucoup plus mince qu'un cheveu.

La perfection du tirage d'or et d'argent dépend absolument de la quantité des filières. Le sieur Charbonnet, tireur d'or à Trévoux, possède un secret particulier pour en faire la fonte. Par le moyen des filières qu'il fabrique, un lingot d'or résiste à tous les frottements ; l'acier des filières où passe ce lingot est préparé de manière à devenir malléable et à conserver en même temps la résistance nécessaire sans altérer la surface du trait doré le plus mince et le plus fin. Les filières qui ne sont pas faites d'après les procédés du sieur Charbonnet n'ont pas le même avantage ; l'or disparait de dessus les lingots dorés qu'on y veut confectionner, sans que les traits qu'ils produisent deviennent fins. « Le secret de ces filières appartint pendant neuf générations à la famille Tripier, de Lyon. Le dernier de cette famille, aveugle, septuagénaire, n'ayant point d'enfants auxquels il pût léguer son secret, proposa de le donner au Gouvernement, moyennant une récompense qui pût lui assurer une honnête subsistance pour le reste de sa carrière. Le ministre de l'intérieur le renvoya au préfet du Rhône en observant que le secret du sieur Tripier étant particulièrement utile au commerce de Lyon, c'était aux négocians de cette ville à en faire l'acquisition. Les principaux négocians de Lyon, assemblés en conséquence, convinrent d'acheter le secret et de nommer le sieur Jandé caissier des fonds qui seraient faits pour cet objet. Il fallut ensuite un homme chez lequel on pût trouver un local propre pour former des ateliers et mettre en œuvre les filières sous la direction du sieur Tripier. On jeta les yeux sur le sieur Charbonnet qui devait être possesseur du secret, le déposer chez un notaire au moment de l'acquisition pour ensuite être rendu au commerce après sa mort. Le sieur Charbonnet acheta donc le secret, reçut 9,000 fr. qu'il compta de suite au sieur Tripier et commença à travailler chez lui aux filières. Pendant longtemps ses efforts furent vains, l'âge du sieur Tripier et ses infirmités altéraient peut-être ses facultés. Ce vieillard s'étonnait lui-même de ne pouvoir réussir dans la fonte des aciers. Les négocians de Lyon, informés du peu de succès que le sieur Charbonnet obtenait, malgré ses efforts et des dépenses exorbitantes, s'assemblèrent de nouveau, crurent que le sieur Tripier n'avait pas agi de bonne foi, ne fournirent plus de fonds, et le sieur Jandé porta en compte au sieur Charbonnet les 9,000 fr. donnés, qu'il se fit rembourser. Le sieur Charbonnet ne se découragea pas; il redoubla ses efforts et parvint enfin au but désiré après un temps très long et des dépenses énormes.

Un autre grand avantage qui assure à la ville de Trévoux la prospérité de ce genre d'industrie est l'*argue* nationale dont Trévoux avoit joui longtemps et qui y fut rétablie par l'arrêté du Directoire exécutif, du 3 février 1798. Cet établissement très essentiel évite les retards et les dépenses auxquelles les tireurs seraient assujettis, si, après avoir affiné leurs lingots, ils étaient obligés de les exporter pour les faire arguer et essayer.

Cette notice est encore exacte aujourd'hui. Trévoux a conservé l'industrie de l'affinage et du tirage de l'or et de l'argent. Mais les progrès modernes se sont fait sentir comme dans toutes les autres branches de l'activité humaine, les machines ont fort accru la production tout en réduisant le nombre des ouvriers, qui était de 300 au début du siècle. Actuellement, deux grands ateliers, dont l'un appartient à MM. Charbonnet frères, descendants de l'inventeur, occupent chacun une cinquantaine d'ouvriers des deux sexes, dont les salaires varient entre 2 fr. et 5 fr. 50 c. Le voisinage de Lyon, où les équipements militaires et les costumes ecclésiastiques sont des industries florissantes, assurent à Trévoux de grands débouchés. La tréfilerie possède d'ailleurs d'importants ateliers à Lyon; une grande usine s'est créée de nos jours à Pont-de-Chérui, dans l'Isère[1].

Le tréfilage des matières précieuses a fait naître à Trévoux d'autres industries intéressantes;

---

1. Voir la 8ᵉ série du *Voyage en France*.

ainsi la fabrication des filières en diamant pour les fils d'or très fins est devenue un élément important dans l'activité de la jolie petite ville. Quatre ateliers produisent les filières, non seulement pour Trévoux et Lyon, mais encore pour l'étranger. Ils occupent cinquante ouvriers, dont les salaires varient entre 3 fr. et 6 fr. La serrurerie artistique occupe également un certain nombre d'ouvriers.

L'antique capitale de la Dombes a donc un caractère particulier parmi les cités industrielles qui font cortège à Lyon. C'est un coin bien curieux de la grande banlieue de cette ville et qui ne se modifiera sans doute pas beaucoup. Entre sa colline et la rivière, Trévoux n'a pas de place pour de grandes usines, elle a échappé à la fortune de quelques-unes de ses voisines, mais aussi à leur enlaidissement par les cheminées d'usines et les eaux noires des teintureries.

Je l'ai quittée à regret pour gagner Lyon par le chemin de fer spécial conduisant à la Croix-Rousse. Après avoir couru entre une belle plaine et d'aimables collines, où les villages se pressent, nous retrouvons Neuville, d'où l'on commence à s'élever à flanc de coteau en dominant la rivière, ses rives verdoyantes et fleuries. Voici l'immense décor du mont d'Or, hérissé de batteries, semé de bourgs, de villages, de châteaux, puis le plateau triste de Sathonay. Mais, au fond de l'horizon, surgit, dans toute sa splendeur, l'énorme chaîne des Alpes, le soleil couchant met sur les neiges et les glaciers des rougeurs éblouissantes, tandis que plaquées, semble-t-il, sur ce rideau aux teintes féeriques, se détachent en noir les monts de la Grande-Chartreuse et de la Dent-du-Chat.

TABLE DES MATIÈRES

I. — Lyon.

Exposition de Lyon. — Les transformations de Lyon. — Une légende qui disparaît. — La région lyonnaise. — Émigration des industries. — Ce qu'on voit de Fourvières 1

II. — Rôle social de Lyon.

Histoire d'un petit canut. — Du métier à la présidence de la Chambre. — Le caractère lyonnais. — Les artistes lyonnais. — Origines de la population actuelle. — La charité à Lyon. — Les écoles. — Lyon jugé par ses rivaux. — La presse lyonnaise . . . 13

III. — A travers Lyon.

Le quai des Étroits. — Une nuit de Jean-Jacques Rousseau. — La jonction du Rhône et de la Saône. — La presqu'île de Perrache. — L'ancêtre des gares françaises. — La place Bellecour. — Une revue. — Lyon militaire. — Le camp de Sathonay 32

IV. — La Croix-Rousse et Vaise.

Les quartiers du centre, rues, places et monuments. — Les Terreaux et les musées. — Le Griffon. — Chez les canuts. — La Grand'Côte et les funiculaires. — Les Chartreux. — Serin, Vaise, l'Homme de la Roche et Saint-Paul. 54

V. — Du Gourguillon au mont d'Or.

Le sirocco. — Marchés des quais. — Les pieds humides. — La cathédrale. — Le Gourguillon et Sainte-Foy. — Les aqueducs de Beaunant. — Charbonnières. — Rochecardon. — Saint-Cyr. — Le mont d'Or. — Le mont Cindre. — Un roman du doux Ballanche. — Le mont Thou. — Le mont Verdun et sa forteresse. — Le vallon de Poleymieux. — Le roman d'Ampère. 71

VI. — La plaine du Dauphiné.

Une ville d'Amérique. — La Guillotière et les Brotteaux. — Banlieue caillouteuse. — Les vieux châteaux de la plaine. — Une Crau lyonnaise. — Les fontaines de l'Ozon. — La culture du cresson. 93

VII. — Vienne et le pays des cerises.

Le Rhône au-dessous de Lyon. — Apparition de Vienne. — Vienne la Superbe, Vienne la Forte, Vienne la Sainte et Vienne la Moderne. — La fabrication des ratines. — Ponsard, Charles Reynaud et Jules Janin. — Les marrons de Lyon et les abricots d'Ampuis. — La forêt des cerisiers. — Les primeurs. — Vignoble de Côte-Rôtie. — Condrieu et ses mariniers. 105

VIII. — Le mont Pilat.

Un Righi lyonnais. — Rochetaillée. — Ascension du Pilat. — Une nuit à la ferme. — Du haut du mont. — Dans la forêt. — Bourg-Argental 130

IX. — Les monts du Lyonnais.

Le chapitre des chapeaux. — Comment une grève tua une industrie. — Saint-Symphorien-d'Ozon, Grigny et Givors. — La récolte de l'or. — Ascension des monts du Lyonnais. — Riverie. — Auberge de l'Âge d'or. — Le signal de Saint-André-la-Côte. — Un Chicago lyonnais. — Les chapeaux de paille. — Saint-Symphorien-sur-Coise et Chazelles. 146

X. — DE VICHY A THIERS.

Pages.

Les Cévennes sous la pluie. — Vichy. — Au pays des eaux minérales. — De Vichy à Thiers. — Paysages d'Auvergne. — Chez les couteliers. — De l'emploi du chien contre les rhumatismes. — L'industrie thiernoise. 163

XI. — DE THIERS A PIERRE-SUR-HAUTE.

La coutellerie mécanique à Thiers. — Articles d'exportation. — Le papier du Timbre. — Dans les monts du Forez. — Noirétable. — Couzan. — Ascension de Pierre-sur-Haute 181

XII. — MONTBRISON, LA PLAINE DU FOREZ ET SAINT-GALMIER.

Boën. — Le sous-préfet du Panache et les volcans de Montbrison. Le mont d'Uzore et la plaine du Forez. — Montbrison. — Une ville déchue. — Montrond, son château et son geyser. — Saint-Galmier et ses sources. 199

XIII. — LES MONTS DE TARARE.

Encore une ville déchue. — Feurs. — Le Donzy. — Panissières. — L'industrie aux champs. — Traversée des montagnes. — Saint-Forgeux et Pontcharra. — Tarare. — L'histoire de Simonet 215

XIV. — LE COL DES SAUVAGES ET THIZY.

Une montagne mal famée. — Mme de Sévigné et Arthur Young. — Le col des Sauvages. — Amplepuis et ses usines. — Rivalités industrielles. — Thizy. — Roland de la Platière et Malesherbes. — Génération industrielle spontanée. — Mœurs commerciales. 233

XV. — Cours et Roanne.

De Thizy à Cours. — Pont-Trambouze. — Cours. — Les couvertures de déchets. — Couvertures à un franc pièce. — Régny. — Roanne et le coton. — Origine de l'industrie de Roanne. — La cotonnade. — Les Lainages fantaisie. — Mœurs ouvrières . . . 251

XVI. — Le berceau de Félix Faure.

La vallée de la Brevenne. — Moys, village natal de la famille Félix Faure. — Sainte-Foy-l'Argentière et ses mines. — Bessenay et ses chapeliers. — Soin-Bel et ses pyrites. — L'Arbresle et ses industries. — Le mont Arjoux et le mont Popey. — Les vignobles de l'Azergues 269

XVII. — La diligence des Écharmeaux.

La dernière diligence. — Limonest. — Chessy-les-Mines. — La vallée d'Azergues. — Le col des Écharmeaux. — Un sculpteur primitif. — Le mont Saint-Rigaud. — Le repaire du Gascon. — Descente à Beaujeu 281

XVIII. — Le Beaujolais et la foire de Montmerle.

Beaujeu. — Le vignoble du Beaujolais. — Belleville-sur-Saône et son port. — Montmerle, le Beaucaire du Lyonnais. — Une foire fameuse. — La vie des bâtons de chaise 301

XIX. — Teinturiers et tireurs d'or.

Villefranche-sur-Saône. — Privilèges du moyen âge. — Teinturiers et apprêteurs. — Les cotons à tricoter. — La plus belle rue de France. — Anse. — La côtière de Dombes. — Trévoux, capitale de la Dombes. — Le *Dictionnaire*. — Les tréfileurs d'or. 317

Nancy. — Impr. Berger-Levrault et Cie.

BERGER-LEVRAULT ET C¹⁰, LIBRAIRES-ÉDITEURS
5, rue des Beaux-Arts, Paris. — 18, rue des Glacis, Nancy.

LE TRAVAIL EN FRANCE

MONOGRAPHIES PROFESSIONNELLES
Par J. BARBERET
Chef de bureau des Institutions de prévoyance au Ministère de l'Intérieur.

Ouvrage honoré de nombreuses souscriptions par les Ministères et les Administrations.
Volumes d'environ 500 pages, grand format: 7 fr. 50 c.

LES SEPT VOLUMES PARUS CONTIENNENT LES MONOGRAPHIES SUIVANTES :

I. — Apprêteurs d'étoffes. — Apprêteurs de pelleteries pour fourrures. — Arquebusiers. — Armuriers. — Art dentaire. — Artistes musiciens instrumentistes. — Balanciers. — Bijoutiers-Joailliers. — Blanchisseurs. — Buandiers et Baigneurs. — Bouchers. — Boulangers.

II. — Boutonniers. — Brasseurs. — Brongiers. — Brossiers. — Carriers. — Céramistes.

III. — Chapeliers — Charbonniers. — Charcutiers — Charpentiers et scieurs de long. — Charrons et carrossiers. — Chaudronniers.

IV. — Chemisiers et cravatiers — Chiffonniers. — Chocolatiers et confiseurs. — Choristes. — Cloutiers et épinghers. — Cochers et loueurs de voitures. — Coiffeurs, barbiers et perruquiers. — Comptables.

V. — Cordiers. — Cordonniers. — Couteliers. — Couturières. — Couvreurs, plombiers et zingueurs

VI. — Cravaches, cannes, fouets, parapluies OUVRIERS ET FABRICANTS DE). — Cuisiniers. — Cultivateurs.

VII. — Débitants de boissons MARCHANDS DE VIN, CAFETIERS, LIMONADIERS ET RESTAURATEURS)

LA QUESTION OUVRIÈRE
DANS LES PAYS ÉTRANGERS

RECUEIL DE RAPPORTS SUR LES CONDITIONS DU TRAVAIL
Adressés au Ministre des affaires étrangères
PAR LES REPRÉSENTANTS DE LA RÉPUBLIQUE FRANÇAISE A L'ÉTRANGER

Allemagne. — Un vol. de 583 pages	6 fr.
Autriche-Hongrie. — Un vol. de 106 pages.	2 fr. 50 c.
Belgique. — Un vol. de 21 pages.	2 fr.
Danemark. — Un vol. de 84 pages	2 fr.
Espagne et Portugal. — Un vol. de 58 pages.	2 fr.
États-Unis. — Un vol. de 111 pages	2 fr. 50 c.
Grande-Bretagne et Irlande. — Un vol. de 135 pages	3 fr.
Italie. — Un vol. de 55 pages	1 fr. 50 c.
Pays-Bas et grand duché de Luxembourg. Un vol. de 195 p.	3 fr. 50 c.
Russie. — Un vol. de 110 pages	3 fr.
Suède et Norwège. — Un vol. de 158 pages	3 fr. 50 c.
Suisse. — Un vol. de 84 pages	2 fr.

Les 12 volumes grand in-8 , brochés 30 fr

BERGER-LEVRAULT ET Cie, LIBRAIRES-ÉDITEURS
5, rue des Beaux-Arts, Paris. — 18, rue des Glacis, Nancy.

BIBLIOTHÈQUE D'ENSEIGNEMENT COMMERCIAL
Dirigée par M. GEORGES PAULET
CHEF DE BUREAU AU MINISTÈRE DU COMMERCE

Volumes in-8° reliés en percaline gaufrée

Ouvrages parus.

Précis d'Histoire du Commerce, par H. CONS. 2 volumes . . . 8 fr
Manuel de Géographie commerciale, par V. DEVILLE. 2 volumes avec cartes. . . . 10 fr
Manuel pratique des Opérations commerciales, par A. DANY. 1 volume. . . . 5 fr
Principes généraux de comptabilité, par E. LÉAUTEY et A. GUILBAULT. 1 volume. . . . 5 fr
Monnaies, poids et mesures des principaux pays du monde. Traité pratique des différents systèmes monétaires et des poids et mesures, accompagné de renseignements sur les changes, les timbres d'effets de commerce, etc., par A. LEJEUNE. 1 volume . . . 5 fr
Les Tribunaux de commerce. Organisation, compétence, procédure, par A. BOUYVET. 1 volume. . . . 6 fr
Les Transports maritimes, éléments de droit maritime appliqué, par HAUMONT et LEVAREY. 1 volume. . . . 4 fr
Armements maritimes, par C. CHAMPENOIS. 2 vol. avec 130 fig. . 10 fr
Code annoté du Commerce et de l'Industrie. Lois, décrets, règlements relatifs au commerce et à l'industrie, avec un commentaire par GEORGES PAULET. 1 volume grand in-4° de 950 pages, sur 2 colonnes, broché. 15 fr
Relié en demi-chagrin, plats toile. . . . 18 fr
Code de Commerce et Lois commerciales usuelles, par E. COHENDY 1 volume in-18. . . . 2 fr
Recueil des Lois industrielles, par E. COHENDY. 1 volume in-18. . 2 fr

PUBLICATIONS DE L'OFFICE DU TRAVAIL
Ministère du Commerce, de l'Industrie, des Postes et des Télégraphes.

Volumes grand in-8°

Bulletin de l'office du travail, paraissant tous les mois par fascicules d'environ 8 feuilles in-8°. 3e année, 1896. Prix de l'abonn. d'un an (France). 2 fr. 50 c.
Union postale : 3 fr. 50 c. — Prix du numéro. . . . 20 c.
Le Placement des employés, ouvriers et domestiques en France. Son histoire, son état actuel. 1893. . . . 6 fr
De la Conciliation et de l'Arbitrage en matière de conflits collectifs entre patrons et ouvriers en France et à l'étranger. 1893 . . . 6 fr
Salaires et durée du travail dans l'industrie française. Tome Ier : Département de la Seine. 1893. . . . 7 fr. 50 c.
— Tome II : Industries extractives, produits alimentaires, industries chimiques, caoutchouc, papier, cuirs et peaux, textiles dans les départements. 1894. . . . 7 fr. 50 c.
— Tome III : Industries du bois, tabletterie, métaux. Travail des pierres et des terres. Établissements de l'état ou des communes dans les départements. Entreprises de transport ou communs. 1895 . . . 7 fr. 50 c.
La Petite Industrie (Salaires, durée du travail) : Tome Ier : L'Alimentation à Paris. 1893. . . . 2 fr. 50 c.
Hygiène et sécurité des travailleurs dans les ateliers industriels. Législation française et étrangère. 1895. . . . 5 fr

Lois sociales. Recueil des textes de la législation sociale de la France, par J. CHAILLEY-BERT et A. FONTAINE. 2e édit. 1895. 1 vol. gr. in-8°. 12 fr
Lexique géographique du monde entier. Publié sous la direction de M. E. LEVASSEUR, de l'Institut, par J. V. BARBIER, avec la collaboration de M. l'ingénieur ANTHOINE. — Paraissant par fascicules de 4 feuilles grand in-8° (64 pages) d'impression compacte à trois colonnes, avec cartes et plans dans le texte. L'ouvrage sera complet en 50 fascicules environ, formant 3 volumes d'environ 1,200 pages chacun. Prix du fascicule. . . . 1 fr. 50 c.
12 fascicules sont en vente.

Nancy, impr. Berger-Levrault et Cie

www.ingramcontent.com/pod-product-compliance
Lightning Source LLC
Chambersburg PA
CBHW072008150426
43194CB00008B/1034